Wolfgang M. Ullmann

Zwischen mir, dir und uns
Impulse für ein achtsames (Zusammen-)Leben

AF235416

Zum Inhalt:

Halten wir kurz inne, um über uns selbst und unser tägliches Umfeld nachzudenken. Empfinden wir unser Leben eher positiv oder nehmen wir überwiegend Probleme wahr, die uns den Weg zu einem zufriedenen Leben versperren? Gesellschaftliches Zusammenleben erfordert Toleranz und Akzeptanz. Was macht dieses rasante Tempo der Zeit mit uns? Wie gelingt es uns, den eigenen Platz darin zu finden und unserem Leben eine gute, sinnvolle Richtung zu geben?

Welchen Plan haben wir uns für unser Leben ausgedacht? Sicherlich haben wir noch viel mit ihm vor und haben bestimmte Ziele vor Augen. Unzählige Ratgeberbücher oder Influencerinnen und Influencer geben uns täglich Tipps und Tricks mit auf den Weg, was wir besser machen können, um ein gutes, sinnerfülltes Leben zu führen. Manche möchten ihr Leben als Abenteuer erleben, andere hingegen kämpfen um ihren Platz in der Gesellschaft.

Wir leben in einer modernen, schnelllebigen Welt, in der jede und jeder vieles erreichen kann. Wir können am Leben teilhaben, Bildung erlangen und unseren Lebensstil oftmals so wählen, wie wir es wünschen. Alles scheint möglich – in einer der reichsten Industrienationen der Welt, ausgestattet mit sämtlichen materiellen Gütern, die wir uns vorstellen können. Doch wo reihen wir uns persönlich ein?

Das (Arbeits-)Buch wirft einen Blick auf unsere eigene Person und die Menschen, mit denen wir in dieser Gesellschaft zusammenleben. Es beinhaltet zahlreiche Impulse, die wir in unseren Alltag einbauen können, um mehr Sinnhaftigkeit und Lebensqualität zu erfahren. Gleichzeitig regen sie zum Nachdenken an, wie wir alle mit uns selbst und miteinander in guter Weise umgehen können und auf diese Weise zu einer wahren Achtsamkeit zwischen mir, dir und uns gelangen.

Wolfgang M. Ullmann

Zwischen mir, dir und uns
Impulse für ein achtsames (Zusammen-)Leben

Impressum

© 2021 Wolfgang M. Ullmann
Copyright Umschlagfoto, Umschlaggestaltung und Layout:
Wolfgang M. Ullmann
1. Auflage © 2021

Herstellung und Verlag: BoD – Books on Demand, Norderstedt

Bibliografische Information der Deutschen Nationalbibliothek:
Die Deutsche Nationalbibliothek verzeichnet diese Publikation
in der Deutschen Nationalbibliografie; detaillierte bibliografische Daten sind im Internet über dnb.dnb.de abrufbar.

ISBN: 978-3-7543-1546-0

Inhalt

Lesehinweis

Bitte beachten Sie, dass aufgrund der besseren Lesbarkeit des Textes überwiegend auf die gleichzeitige Verwendung der Sprachformen männlich, weiblich und divers (m/w/d) verzichtet wird. Sämtliche Personenbezeichnung gelten daher gleichermaßen für alle Geschlechter.

»Und das ist alles nur in meinem Kopf.«
Andreas Bourani

1. Eingangs

Was geht in diesem Moment in mir vor? Sind wir denn nicht die Summe dessen, was wir erleben und aufgrund unserer inneren Verarbeitung daraus machen? Vielleicht mag das deutlich vereinfacht klingen, aber das ist es oftmals nicht. Was spielt sich denn alles in unserer individuellen Schaltzentrale ab?

Bei Weitem nicht alle Personen würden sich als sogenannte Kopfmenschen bezeichnen. Vielleicht leben wir leichter und ungezwungener, wenn wir in unserem Alltag nicht permanent darauf achten müssen, ob wir dies oder jenes sagen dürfen, ob wir mit einer unbedachten Aussage jemanden vor den Kopf stoßen oder was passieren mag, wenn wir gerade dann schweigen, obwohl wir eigentlich etwas sagen sollten. Ohne dieses ständige Hinterfragen, ob wir uns in einer Situation auch tatsächlich moralisch und ethisch einwandfrei verhalten (haben), lebt es sich doch durchaus freier. Sobald wir in einer Gesellschaft leben, in der der Einzelne von vielen anderen Menschen umgeben und die individuelle Freiheit somit begrenzt ist, müssen wir allerdings unseren Kopf einschalten. Dann ist Rücksichtnahme angesagt, weil wir alle den gleichen Anspruch haben, uns zeitgleich im gemeinsamen Lebensraum aufhalten zu dürfen.

Was geht also in uns vor? Manchmal wissen wir es selbst nicht und suchen deshalb die Hilfe in der Beratung, im Gespräch mit einem lieben Menschen oder in der Meditation. Insofern erscheinen uns die Gedankenwelten unserer Mitmenschen als noch ferner und fremdartiger als die unseren. Das ist ja auch gut so. Für ein gelingendes

Zusammenleben in unserer Gesellschaft benötigen wir Achtung und Respekt. Diese beiden Begriffe brauchen wir in jedem Sozialisationspaket in der Erziehung und in Enkulturationskursen als fest verankerte Größe. Und wie immer gilt auch hier der Grundsatz, dass diese beiden Tugenden zunächst in das eigene Lebens- und Handlungskonzept fest integriert werden sollten, bevor wir auf andere und deren vermeintliches Fehlverhalten zeigen mögen.

Am Ende jedes Kapitels habe ich Ihnen Tipps zum Glücklicherwerden angehängt, die mit ihren Anregungen und Fragen die jeweiligen Themenbereiche aufgreifen, zusammenfassen und einen persönlichen Bezug zu Ihrem Leben herstellen. Gerne können Sie die kurzen Aufgaben gedanklich absolvieren. Sie dürfen aber auch zu einem Blatt Papier und einem Stift greifen und Ihre Antworten und Gedanken in einem eigenen Notizheft bzw. auf den dafür vorgesehenen Seiten am Ende dieses Buches festhalten. Diese Herangehensweise dient Ihnen als Grundlage dafür, an Ihren individuellen Fragestellungen zu arbeiten und den Prozess für sich selbst zu dokumentieren.

Ich wünsche Ihnen viel Freude und interessante Erkenntnisse auf Ihrem Weg zu einem guten, achtsamen und glücklichen Leben.

Ihr Wolfgang M. Ullmann

»Hello, it's me.«
Adele

2. Ich bin's

Ich bin es. Einschließlich Körper, Geist und Seele. Ein interessantes Tripel, mit dem wir alle für unser Leben ausgestattet sind.

Niemand hat uns jemals gefragt, wie wir ausgerüstet sein wollen, und ob sich die Anfangsausstattung oder die Ausgangssituation unserer Person so gut anfühlt, oder ob wir uns etwas anderes vorgestellt hätten. Insofern stehen wir alle vor der Herausforderung, unser Leben zu gestalten. Wir müssen in unsere Lebenswelt eintauchen und uns selbst auf diese Weise schrittweise immer besser kennenlernen.

Daraufhin werden wir Rückschlüsse ziehen können, ob wir in einer hilfreichen oder eher ungünstigen Umwelt aufwachsen mussten; denn dann sind wir in der Lage, soziale Ungleichheiten zu definieren, die uns von etwas abgehalten oder uns auch näher dorthin gebracht haben, was wir nun als Idealzustand definieren.

Körper, Geist und Seele – gelingt es uns, diesen drei Bereichen eine gemeinsame Basis zu schenken? Konzentrieren wir uns zunächst einmal auf unser Herz. Wir kennen die Worte des kleinen Prinzen, die ihm von Antoine de Saint-Exupéry in den Mund gelegt wurden, nämlich, dass man nur mit dem Herzen gut sehen könne. Aber auch der Schriftsteller Jan-Philipp Sendker versteht es in seinem Bestsellerroman „Das Herzenhören", den einzigartigen Charakter eines fühlenden, hörenden und liebenden Herzens in seiner Geschichte zu beschreiben und ihn für seine Leserinnen und Leser nachvollziehbar aufzuschreiben.

Sollten wir uns einmal schäbig oder rücksichtslos verhalten, würde man uns vermutlich als herzlos charakterisieren. Wir würden es allerdings nicht gutheißen, dass uns jemand so nennt. Nur wenn wir allerdings tatsächlich skrupellos wären, dann würde uns mehr daran liegen, unseren Willen gegen alle Widerstände und Maßstäbe durchzusetzen, die wir aus einem sozialen, emphatischen und menschenfreundlichen Kontext her kennen.

Unser Herz ist also nicht nur der Antriebsmotor für unseren Körper, sondern u. a. auch die Schaltbasis für unsere Persönlichkeit. Man spricht oft davon, dass es Menschen gibt, die ihr Herz ganz offen vor sich hertragen. Aber seien wir einmal ganz ehrlich – tun wir das nicht alle?

Ob im positiven oder negativen Sinne – wir können relativ schnell erkennen, wie eine Person tickt und nach welchen Kriterien sie ihre Lebensabsicht versteht. Was können Menschen, mit denen wir zu tun haben, über uns und unser Herz erfahren? Was geben wir preis? Welches Bild über unser jeweiliges „Ich" lassen wir dabei zu? Das entscheiden wir in unterschiedlichen Situationen von Mensch zu Mensch oftmals ganz verschieden. Wir lassen absichtlich nur das Verhalten zu, von dem wir denken, dass es in der jeweiligen Situation auch angemessen ist. Leider ergibt sich daraus nicht selten ein getrübter Eindruck von uns.

Das eine Mal wirken wir als eine eher offene Person, ein anderes Mal neigen wir dazu, als eher wortkarg oder übellaunig zu erscheinen. Oder eben auch anders. Aber dabei können wir erfahren, dass wir ein bestimmtes Verhalten oder manche gewonnenen Eindrücke über uns selbst ja gar nicht beabsichtigt hatten. Wir schalten in unserem Alltag sehr stark den Denker oder die Denkerin in uns ein, anstatt auf die Stimme unseres Herzens zu hören. Dabei dürfen wir nicht vergessen, dass unser Denken oftmals überwiegend auf der subjektiven Ebene, also aus dem persönlich eingefärbten Blickwinkel heraus, stattfindet. Und warum handeln wir so?

Weil viel zu viele Menschen heute mit ihren aufgesetzten Masken unterwegs sind und wir uns daran gewöhnt haben. Wir wollen nicht mehr verletzlich sein, zu viel von uns zu zeigen, kann uns schaden, uns angreifbar machen, wenn wir vielleicht einen Moment der Schwäche zugeben würden. Deshalb zeigen wir uns immer mehr nur noch im neutralen Modus und sind der Situation angepasst. Doch das sind nicht wir. Aber die Macht und die Angewohnheit der Vielen zwingt den Einzelnen zu oft zu einem angepassten Verhalten.

Wir sollten uns nicht unter einer Maske selbst verlieren. Dafür sind wir nicht in diese Welt geboren, sondern sollen unser Lebensumfeld mit unserer Persönlichkeit bescheinen. Fassen wir uns ein Herz und lassen seinen Rhythmus zunächst nur einmal auf uns selbst wirken – was hören wir, während es schlägt? Welche Energie bringt es zum Vorschein und was möchte ich dank ihm anfangen und erreichen?

Vom Ich zum Du und Wir. Auch dieses Tripel hat mit uns zu tun. Solange wir unser Leben abgeschottet und isoliert führen wollen, spielen diese drei Elemente keine Rolle – wenn wir aber den wahren Reichtum unserer Existenz auskosten möchten, benötigen wir die beiden weiteren Teile, in der unser Körper, Geist und unsere Seele vollkommen zusammenarbeiten und sich entfalten können. Wir zeichnen uns aus durch all die Eigenschaften, die zu uns gehören und die uns als individuelle Person ausmachen. Es ist das Gesicht, das zu unserem Fingerabdruck gehört. Wir können es nicht allen Menschen recht machen. Das sollten wir auch gar nicht im Sinn haben. Wir werden allein durch unsere Art, Ich zu sein, Leuten auf die Füße treten, ohne dass wir das beabsichtigen. Wir werden bei manchen auf Ablehnung stoßen. Das hat aber nichts mit uns zu tun.

Lassen wir auch hier den Denker noch einmal außen vor. Wir werden geachtet und geliebt, weil wir anderen auf unsere Weise zeigen, welche Eigenschaften wir verkörpern, die uns zu Individuen machen; zusätzlich mithilfe der Art und Weise, wie wir sprechen, wie wir uns geben und wie wir unsere Mimik und Gestik einsetzen.

Ebenso gehört dazu, wie wir unser Wissen und unsere Erfahrungen einbringen und für uns und andere zur Geltung bringen. Wir bleiben dabei nicht stehen, sondern sind im Fluss – wir lernen jeden Tag dazu und entwickeln uns weiter. An dem Tag unserer Geburt wurde uns ein wunderbarer Rahmen aufgespannt. Seit diesem Zeitpunkt haben wir begonnen, immer mehr unser Lebens-Werk in die Hand zu nehmen und zu malen. Wir sind wahre Künstlerinnen und Künstler, weil wir fortan nicht nur unser eigenes Lebensbild komponieren und arrangieren, sondern dadurch auch andere prägen, sie begeistern und beeinflussen. Welche Schätze können wir demnach bei uns, bei unseren Freunden und bei anderen Menschen erkennen?

Jedes Mal aufs Neue einen Schatz von unfassbarer Größe und wahrem Reichtum! Das gelingt uns vor allem dann, wenn wir monetäres Denken vernachlässigen und unsere Motive in Richtung menschenliebendes Denken und Handeln ausrichten. Wie ich bin, so ist es genau richtig.

Das können wir uns für uns und alle anderen in einer Welt wünschen, in einer, in der wir einander achten und uns die Freiheit zugestehen, in der wir selbst wachsen und uns entfalten können, und wir andere eher als einen Glücksgewinn und nicht als Konkurrenten empfinden.

Tipps zum Glücklicherwerden:

Nehmen Sie sich etwas Zeit für sich und achten Sie auf das Pochen Ihres Herzens. Schlägt es eher langsam oder schnell? Was empfinden Sie in dieser achtsamen Situation, während Sie auf Ihr Herz hören und dabei in sich hinein fühlen?

Angenommen, Sie würden Entschlüsse eher mit dem Herzen als mit dem Kopf treffen, welche Entscheidungen würden Sie anders fällen? Wie würde es sich für Sie anfühlen, sich selbst und anderen eher herzgeleitet zu zeigen? Nehmen Sie sich für Ihre Gedanken etwas Zeit und schreiben Sie diese gerne auf, gerade dann, wenn Sie Ihre Überlegungen als Basis für einen Veränderungsprozess ansehen. Auf diese Weise haben Sie die Möglichkeit, Ihre Gedanken und Worte immer wieder einmal zu betrachten und darüber zu reflektieren.

»Lasse nie zu, dass du jemandem begegnest, der nicht nach der Begegnung mit dir glücklicher ist.«
Mutter Teresa

3. Austausch von Freundlichkeiten

Ein nicht seltenes Bild auf unseren Straßen: Zwei Autolenker streiten sich wild gestikulierend hinter ihren Fensterscheiben, weil der eine dem anderen ein Fehlverhalten vorwirft.

Wir möchten nicht, dass uns jemand um unsere persönliche Freiheit bringt. Wir wollen, dass man uns respektiert und bewundernd auf uns schaut – aber keinesfalls irgendwie verächtlich oder negativ bzw. uns eines Vergehens beschuldigt, das wir nicht begangen haben. Kommt in solchen Momenten des alltäglichen Straßenverkehrs nur der Frust zum Vorschein, den sich die Betroffenen von der Seele schreien?

Wir können uns in diesem Zusammenhang einmal die Frage stellen, warum es Menschen oftmals so schwerfällt, einander ein Lächeln und einen kurzen Augenblick des positiven Beachtens zu schenken?

Es kostet uns nichts. Obwohl, nein, das stimmt nicht. Es könnte sein, dass es uns eine Einseitigkeit beschert. Es kommt vor, dass wir mit dem Schenken dieses freundlichen Augenblicks abgestraft werden, weil die Türe im Gesicht und in der Haltung des anderen verschlossen bleibt.

Das verstört. Das führt dazu, dass wir deswegen vielleicht sogar Wut empfinden. Und wir fragen uns im nächsten Schritt: »Was habe ich getan, dass man mich so übergeht und ich dazu noch herablassend angeschaut werde?«

Es mag vom permanenten Nieselregen des Misstrauens herrühren, dass Menschen und vor allem Frauen heute vorsichtig darauf reagieren, wenn sie von Unbekannten angelächelt werden. Und in Zeiten von #metoo und sexuellen Übergriffen auf Frauen handeln viele Leute schließlich einfach vorsichtiger, was natürlich nur zu gut zu verstehen ist. Wir wissen leider nicht mehr, wem wir vertrauen können und mit welchen Hintergedanken uns eine Person begegnet.

Unlautere Absichten sollten aber nicht mit einfacher Freundlichkeit verwechselt werden, die aus dem einzigen Grund an den Tag gelegt wird, um gesellschaftliches Zusammenleben positiver zu gestalten. Freundlichkeit beabsichtigt ihrem Wesen nach, anderen zu zeigen, dass sie beachtet werden, man ihnen rücksichtvoll und mit Respekt begegnet sowie ihre Anwesenheit wahrnimmt. Ein Blick, der freundlich ausgetauscht wird, suggeriert Wertschätzung. Nicht mehr und nicht weniger.

Und nun zu uns allen, die wir durch die Gassen verschiedener Fußgängerzonen eilen: Was hält uns davon ab, mit einem freundlichen Gesicht durch die Straßen zu laufen? Zugegebenermaßen sind viele von uns wahrscheinlich mit der Kommunikation über ihr Smartphone beschäftigt. So fällt es in der Regel schwer, sich auf andere zu konzentrieren. Und da der Blick in diesen Momenten eher auf den Boden gerichtet ist, werden wir zukünftig in den Städten der Welt noch mehr installierte Bodenampeln für uns Smartphone-User erhalten, die uns schützen.

Wagen wir einmal ein kleines Experiment. Nehmen wir uns das nächste Mal, wenn wir wieder in der Fußgängerzone unterwegs sind, die Zeit, wirklich präsent durch die Gassen und Straßen zu gehen. Wie erleben wir diese Minuten? Welche Eindrücke werden wir sammeln? Welchen Menschen werden wir begegnen? Welche Sinneseindrücke werden wir wahrnehmen?

Währenddessen können wir versuchen, anderen freundlich zu begegnen. Arbeiten wir alle zusammen an einer zwischenmenschlichen Atmosphäre, die uns allen zugutekommt, weil sie von Wertschätzung und gegenseitiger Achtung geprägt ist. Leider ist uns dieser Zustand oftmals durch die Anonymisierung unserer Lebenswelten und den damit verbundenen Unsicherheiten immer mehr abhandengekommen.

Was kostet uns das Geben von Freundlichkeit? Monetär gesehen nichts. Aber es mag an der Überwindung scheitern, am Überdenken unserer eingeschliffenen Einstellung und der Überlegung darüber, wie unser Selbstkonzept dazu in Einklang zu bringen ist.

Freundlichkeit als Waffe, die entwaffnet. Eigentlich eine absurde Bezeichnung für etwas rein Positives. Andererseits dient sie als Definition für etwas Starkes, etwas, das die Kraft besitzt, zu verändern.

Wir brauchen Wohn- und Arbeitsorte, die uns in dem spürbaren Geist zusammenleben lassen, dass wir alle das gleiche Recht darin besitzen, zu sein, zu reden, zu agieren und zu denken. Freundlichkeit per se will eine offene, tragende und gemeinschaftliche Atmosphäre initiieren. Ob so etwas gelingen kann, liegt an uns allen, an jeder und jedem Einzelnen.

Sobald Freundlichkeit nur hinter einer aufgesetzten Maske zur Schau getragen und nur deswegen gezeigt wird, um eigene Interessen zu verfolgen, werden wir wieder von vorne anfangen müssen. Denn dann werden wir alle wieder erneut mit einem harten Guss aus Misstrauen überzogen sein. Wir werden uns wieder zurückziehen und uns wieder nur auf uns selbst konzentrieren. Hinter jedem Lächeln, das uns jemand zeigt, werden wir wieder beginnen nachzudenken, ob wir nun ausgenutzt werden oder jene Person uns etwas antun will.

Wir alle müssen uns entscheiden, in welcher Art von Gesellschaft wir leben wollen, und uns immer wieder die Fragen stellen, welchen Beitrag wir, du und ich, dafür leisten möchten.

Tipps zum Glücklicherwerden:

Setzen oder stellen Sie sich einmal vor einen Spiegel. Lassen Sie das Spiegelbild auf sich wirken. Wie verändert sich Ihr Gesichtsausdruck, wenn Sie zunächst sich selbst gegenüber freundlich anblicken und wie erfahren Sie sich, wenn Sie sich einer fiktiven Person gegenüber freundlich zeigen? Was kann eine andere Person aus Ihrem freundlichen Gesicht ablesen?

Waren Sie heute eigentlich schon freundlich gegenüber sich selbst? Haben Sie sich selbst etwas Nettes gesagt? Wenn nein, dann probieren Sie das gleich einmal in Ruhe aus. Nehmen Sie entspannt Platz und machen Sie sich selbst ein Kompliment. Weisen Sie diese Liebenswürdigkeit nicht von sich, sondern nehmen Sie diese dankbar auf und lassen Sie diese guten Worte in sich wirken. Beobachten Sie, welche Wirkung in Ihnen in Gang gesetzt wird.

»Zwei Wahrheiten können sich nie widersprechen.«
Galileo Galilei

4. Zwischen mir und anderen

Anerkennung und Aufmerksamkeit. Oftmals brauchen wir mehr davon, manchmal auch immer mehr. Und so reicht beispielsweise nicht ein Facebookaccount, um all unsere Followers zufriedenzustellen, sondern die Präsenz auf anderen Social-Media-Plattformen. Wir wollen unter keinen Umständen verpassen, täglich Informationen zu twittern. Wir laden die für uns schönsten Fotos auf Instagram hoch und warten, wer uns liked und uns einen hoch gestreckten Daumen für unsere Aktivitäten zukommen lässt.

Wir beschenken uns selbst mit dem guten Gefühl, von uns zu erzählen. Wir teilen anderen mit, dass auch wir unseren festen Platz auf dieser Welt haben. Wir leben und wir leben nicht nur offline, sondern ganz zeitgemäß in einem digitalen Glashaus, in das alle jeder Zeit hineinschauen dürfen, nein, manchmal gar unbedingt blicken sollen.

Wie wollen wir heute leben? Vielleicht benötigen wir nur noch wenig Privatsphäre; so könnten wir umgehend unsere Wohnungstüren ausbauen, Zäune, die uns von Nachbarn trennen, niederreißen und die heimische Webcam ohne Passwort-Verschlüsselung online stellen. Aber ganz so verhält es ja noch nicht; auch wenn Georg Orwells Erzählung von Big Brother längst auf unseren Straßen Einzug gehalten hat und zugleich die allgemeinen Datenschutzbestimmungen immer strenger werden, sind wir dennoch auf unsere Intimsphäre bedacht. Wir wollen uns vor Kriminellen schützen, die sich in die Frequenzen der Babyphones in unseren Kinderzimmern hacken, oder vor einer Gesellschaft, die ihre Mitglieder mittels eines Punktesystems überwacht, um sie zunehmend zu sozial integren Mitbürgern zu erziehen.

Das wird selbst denjenigen Personen zu viel, die die gläserne Identität bislang nicht vehement ablehnten, da sie ihren eigenen Worten nach doch nichts zu verstecken haben.

Es scheint, als gehöre Facebook und Co. heute zu uns wie Zähneputzen und der aktualisierte Status unseres WhatsApp-Programms zum täglichen Ritus wie früher ein tägliches Gebet.

Um sich nicht selbst zu isolieren, muss man sich die Fragen stellen, ob und in wie weit man sich aus dieser globalisierten Welt herausnehmen kann. Würde es Sinn machen, sich mit einigen Gleichgesinnten zusammenzutun, um mit ihnen abgeschieden vom digital-vernetzen Rummelplatz auf eine analoge Insel auszuwandern?

So könnten wir uns täglich einmütig beteuern, nun ein Leben wie in den guten alten Zeiten zu führen. Doch wenn wir ehrlich sind, sollten wir uns fragen, ob und wann die Welt denn überhaupt schon einmal tatsächlich so in Ordnung war, wie es sich diese Personen erträumen würden.

Vielleicht führt uns dann die Geschichte in eine Zeit zurück, in der der Mensch noch keine Rolle gespielt hat. In eine Epoche, in der sich eine unvergleichlich ausdifferenzierte Natur ungestört entfalten konnte. Jahrmillionen dauerte allein das Entstehen von fossilen Energieträgern, die wir gnadenlos aus unserer Erde zu Tage fördern. Urwälder formten sich, die sich entwickeln und in einer schier unendlich mannigfachen Vielfalt wachsen konnten. Nun werden sie für den menschlichen Profit, für seine unstillbare Gier nach ständig mehr Konsum gerodet und oftmals bedenken- oder alternativlos kahlgeschlagen.

Menschen können das. Ihr Gewissen ausschalten. Und mit ihm auch ihr Bauchgefühl, das wir heute u. a. auch als gesunden Menschenverstand kennen und schätzen. Warum schalten wir unseren gesunden Menschenverstand aus? Wenn wir auf dem Egotrip sind? Wenn uns Geld die richtige Sicht verschleiert? Wenn wir die Chance haben, nach Macht zu greifen?

Wir können einmal in uns gehen und uns fragen, ob unser gesunder Menschenverstand auch schon einmal auf Stand-by ging und warum. In solchen Momenten entwickeln wir uns weg von einer Weltsicht, die durch Nachhaltigkeit besticht, weg von einer Rücksicht, die anderen gilt, weg von dem oft zitierten Gedanken, dass die Welt doch nur geliehen ist und sie noch weiterexistieren soll, auch dann, wenn wir unser Bankkonto nicht mehr abrufen können und unsere Seele unseren Körper verlassen hat.

Was wollen wir unseren nachkommenden Generationen hinterlassen? Sollten wir unsere Kinder und Enkelkinder nicht mehr lieben, als uns selbst?

Tipps zum Glücklicherwerden:

Welchen Stellenwert nimmt unsere Zeit auf virtueller Ebene und auf Social-Media-Kanälen ein? Nehmen Sie sich etwas Zeit, um in sich hineinzuhören: Welche Bereiche führen dazu, dass Sie sich gutfühlen? Kennen Sie auch negative Gefühle, wenn Sie im virtuellen Raum unterwegs sind und die Profile von anderen Menschen ansehen? Finden Sie für sich heraus, wie viel Zeit und Intensität Sie für Ihre Balance benötigen.

Erfahren Sie das Geschenk, von anderen Personen Aufmerksamkeit und Anerkennung zu erhalten? Wie lässt sich deren Wirkung auf Sie beschreiben? Nehmen Sie die aufkommenden Gefühle gerne eine Zeitlang ruhig in sich auf. Können Sie dieses Geschenk und das damit einhergehende positive Gefühl auch anderen Menschen zugutekommen lassen?

»*I think a lot of people want to be remembered the way they were, as opposed to the way they are now.*«
Bryan Adams

5. Bauchgefühl und gesunder Menschenverstand

Wenn sich während unserer Arbeitstätigkeit plötzlich unser Bauchgefühl zu Wort meldet, dann sagt es uns vielleicht, dass es nun langsam aber sicher an der Zeit für einen leckeren Cappuccino und ein Buttercroissant mit Erdbeermarmelade ist. Sollten wir nun auf dieses Bauchgefühl hören oder führen wir uns bei diesem Wunsch selbst in die Irre? Jeder weiß doch heute, dass ein Buttercroissant nur so vor Kalorien strotzt und man stattdessen lieber in einen biologisch aufgezogenen Apfel beißen sollte.

Täuschen wir uns also nur selbst? Woher können wir uns sicher sein, wann wir es mit uns und unserem Körper überhaupt gut meinen?

In der Tat fällt diese Entscheidung manchmal schwer. Wenn sich unser Körper beispielsweise an den Konsum von Zucker gewöhnt hat, dann werden wir u. a. immer öfter das Verlangen nach einer Cola verspüren. Als passionierte Fleischkonsumenten, mit der Überzeugung, die tägliche Ration an Proteinen auf diese Weise aufnehmen zu müssen, werden wir unser Bauchgefühl fragen, ob es auch heute wieder ein Schnitzel, eine Currywurst oder ein Steak sein darf. Und dann lautet der Wunsch: Auf in die Lieblingsmetzgerei! Und das geht dann so lange gut, wie wir gesund sind, uns nichts fehlt oder uns jemand darüber aufklärt, welche Vorgänge in einem Körper vonstattengehen, wenn wir uns einseitig oder ungesund ernähren.

Aber eventuell meldet sich so etwas wie ein alles überschauendes Gefühl oder eine innere Stimme zu Wort, die zunächst ganz leise flüstert:»Schau mal, du kommst langsam aber sicher aus deinem Gleichgewicht. Du wirst immer einseitiger!« Das mag unsere Essensgewohnheiten ebenso betreffen wie auch unser Denken und Handeln.

Auf diese Weise können wir wieder auf uns selbst aufmerksam werden. Gerade wenn wir merken, dass sich die Balance verabschiedet. Vielleicht liegt hier bereits die Quintessenz, warum wir unausgeglichen oder krank werden und den gesunden Weitblick um uns herum vergessen.

Wenn wir diesen Gedanken weiterführen, dann reagiert unser gesunder Menschenverstand folglich immer dann − manchmal früher und manchmal auch später − wenn wir in einer von zwei Waagschalen Platz genommen haben und entweder hoch oder ganz schwer nach unten geneigt darin hängen. Wir können trainieren, früher zu begreifen, ab welchem Zeitpunkt wir in eine falsche Richtung auspendeln. Gehen wir davon aus, dass wir von Geburt an mit einem inneren Kompass ausgestattet werden, der uns anleitet zu wissen, was gut und schlecht ist …

Manche werden nun umgehend protestieren und dieser These widersprechen. Bei dieser Diskussion drängt sich unumwunden die alte Frage auf, ob der Mensch von Haus aus eher gut oder eher schlecht sei. Doch lassen Sie uns hierzu einen Gedankengang verfolgen; wir werden in diese Welt geboren und haben zunächst von nichts eine Ahnung − vielleicht nur jene, dass es im Mutterleib eigentlich recht angenehm war. Ein Schweben in einem gut temperierten Umfeld; ein sorgloses Heranwachsen eben, falls diese Zeit auch für die werdende Mutter großenteils sorgenfrei und positiv verlaufen konnte.

Mit unserer Entbindung ändert sich dieser wunderbare Zustand abrupt. Plötzlich benötigen wir als Neugeborene einen 24/7-Rund-um-die-Uhr-Schutz. Nun muss jemand auf uns aufpassen, zur Stelle sein, wenn wir weinen oder schreien, um uns mit Nahrung, frischer Kleidung und Zuneigung zu versorgen. Wir sind als junge Erdenbürger bereits darin Experten, die aufschreien, wenn etwas in eine falsche Richtung verläuft. Zwar sind wir in den ersten Jahren ziemlich selbstbezogen – was für unser Überleben verständlicher Weise unabdingbar ist – dennoch streben wir nach Beziehung, nach Personen, die uns in den Arm nehmen, gut zureden, für uns da sind und uns Liebe schenken. Demzufolge erscheint es als logische Konsequenz, dass wir uns vom Mutterleib an in einer wunderbaren Waage-Situation befinden – zwischen Egoismus und Streben nach Kontakt. In den folgenden Jahren benötigen wir für unseren Weg einen sozialen Beistand, der uns beibringt und zudem ermutigt, dass ein Leben einerseits auf sich selbst und andererseits auf andere hin ausgerichtet ist.

Im Allgemeinen sehnen wir Menschen uns nach Gemeinschaft, nach diesem wohltuenden Wir-Gefühl, möchten uns mit Freunden und Partnern zusammenschließen, um eben aufgrund der eigenen Person den jeweiligen Platz im Leben zu finden. Doch was hat das jetzt mit gesundem Menschenverstand zu tun? Dieser gesunde Menschenverstand drängt uns zu diesem ausbalancierten und sozialem Leben.

Die Fähigkeit, zwischen Gut und Böse zu unterscheiden, mag eine Gabe sein, die wir wie einen Samen in uns eingepflanzt bekommen haben und die die elterlichen Gärtnerinnen und Gärtner sodann sorgsam hegen sollten, bis ihre Kinder gelernt haben, diese Mitgift selbst wertzuschätzen und einzusetzen.

Die Erfahrung zeigt, dass das nicht immer auf Anhieb funktioniert. Fakt ist jedoch auch, dass wir im Laufe unseres Heranwachsens unseren eigenen inneren Kompass entwickeln und dann all das als Basis zugrunde legen, was wir gelernt und gesehen, gefühlt und erlebt, gelesen und ausprobiert haben – in persönlicher Überzeugung und sozialer Verantwortung.

Falls der Mensch von Natur aus schlecht wäre, würde er folglich eher nach egoistischen Motiven handeln, als wenn er gut wäre und deshalb die Fähigkeit anwenden würde, nicht nur sich selbst, sondern auch andere Menschen und andere Anschauungen in seine Entscheidungen mit einzubeziehen. Eine Formel lautet, dass wir sind, was wir sind, weil wir dies und jenes erfahren haben oder mussten. Aber sie ist keine unumkehrbare in Stein gemeißelte Linie, die wir weiterverfolgen müssen – wir können denken und reflektieren; wir können entscheiden, welchen Weg wir am nächsten Tag einschlagen wollen. Wir müssen nicht so bleiben wie wir sind, wenn wir das nicht wollen. Wir dürfen diese Fähigkeit – man könnte es auch Gabe nennen – des In-uns-Hineinhörens mehr und mehr für uns selbst und für ein gelingendes Zusammenleben in kleinen und großen Gesellschaften nutzbar machen.

Das wäre ein erster kleiner Schritt, den alle wagen können. In sich hineinhören, sich selbst nach Richtigkeit oder nach etwas Verwerflichem befragen. Unsere Gesellschaft hält noch genügend weitere Wegweiser und Werte bereit, die uns daran erinnern können, wie wir etwas entscheiden dürfen oder sollen. Manches davon wird uns mehr gefallen als diejenigen Vorgaben, von denen wir lieber Abstand nehmen möchten. Wie würde es sich anfühlen, wenn wir alle nach einem gesunden Menschenverstand agieren und entscheiden würden? Würden wir alle diese Entscheidungen nachempfinden können und sie für gutheißen?

Gesunder Menschenverstand beinhaltet aber auch die Voraussetzung, dass wir eine gesunde und intakte Sozialisation durchlaufen durften. Dabei bedeutet gesund, was positiv in die Zukunft schauen lässt.

Gesundheit ist ein Zustand, den wir nicht für selbstverständlich nehmen sollten. Denn werden wir auch nur in einem winzigen Aspekt beeinträchtigt, weil uns beispielsweise eine Stelle am Körper schmerzt, sehnen wir uns unweigerlich zu dem schmerzfreien Ausgangspunkt zurück und verlieren uns oftmals in der Sorge, ob es uns gelingt, diesen sorgenfreien Zustand wieder zu erlangen. Wie gesund sind wir denn heute noch in diesem Gesichtspunkt?

Tipps zum Glücklicherwerden:

Nehmen Sie eine angenehme Sitzhaltung ein, atmen Sie einige Male tief und bewusst durch die Nase ein und durch den leicht geöffneten Mund wieder aus. Halten Sie Ihre Hände vor den Bauch und spüren Sie, wie er sich beim Einatmen hebt und beim Ausatmen wieder senkt. Stellen Sie sich nun die Frage, was es für Sie bedeutet, auf Ihr Bauchgefühl zu hören. Welche Erfahrungen haben Sie aufgrund von Bauchgefühlsentscheidungen gemacht? Können Sie Ihrem Bauchgefühl vertrauen?

Um in eine gute Balance zu kommen, benötigen wir das Gefühl, dass es in unserem Leben im Allgemeinen gut läuft. Überlegen Sie einmal für sich, was Ihnen für Ihre körperliche und seelische Gesundheit guttut. Was benötigen Sie, damit Sie das Gefühl von Zufriedenheit empfinden können? Schreiben Sie sich diese Antworten gerne auf, so dass Sie immer wieder an diese Bereiche anknüpfen können, um Wege einzuschlagen, die Sie zu Ihrer Zufriedenheit hinführen können.

»Das Geheimnis des Vorwärtskommens besteht darin, den ersten Schritt zu tun.«
Mark Twain

6. Auch Täler sind schön

Es mag Menschen geben, die von sich behaupten, keine Tiefen oder Täler zu kennen. In ihrer Biografie gäbe es nur einen Weg und der würde stets bergauf führen. Kann man solchen Personen Glauben schenken?

Macht denn nicht jeder von uns im Laufe seines Lebens die Erfahrung, dass ein Traum zerbricht, sich eine Anstrengung plötzlich in Luft auflöst und wir von unserem wohl bedachten Kurs abkommen? Das gehört doch zu einem ausgeglichenen Leben dazu. Vielleicht belügen sich solche Leute selbst, weil sie keine negativen Gedanken zulassen möchten. Oder sie nutzen in konsequenter Weise die Technik des Reframings, wie die Berater und Therapeuten sagen, damit aus unterschiedlichen unschönen Ereignissen umgehend möglichst positive Absichten und Gefühle abgeleitet werden.

Hand aufs Herz, wer von uns mag es, in ein solches Tal abzurutschen? Schließlich macht es uns traurig und lustlos; dann verlässt uns stetig mehr unser innerer Antrieb und im Grunde könnten wir überall im Raum die Rollläden schließen, denn wir sehen sowieso nichts anderes als reines Schwarz.

Doch gerade in diesen Momenten sollten wir uns erlauben, mehr Facetten wahrzunehmen, als nur den einen Schwarzton. Dann bemerken wir vielleicht, dass es doch mehr gibt als wir es zunächst erwartet hätten.

Wir können uns dennoch in solchen Situationen aufmachen und mit unseren Gedanken unterwegs sein. Was werden sie uns verraten? Was erzählen sie uns? Wie wirken sie auf uns ein?

Manche erscheinen uns, als würden sie uns erdrücken wollen; andere klagen uns womöglich an, weshalb wir bestimmte Dinge in unserem Leben nicht schon längst in die Tat umgesetzt haben; wiederum andere hingegen stehen zu uns und betonen, dass wir uns einmal genau diese Ruhepause nehmen sollen. Fassen wir uns neue Ziele und nutzen auch wir in dieser Situation das Instrument des Reframings, um aus Problemen nun Herausforderungen, Motive oder Ziele ableiten zu können.

Von Bergtouren weiß man, dass sich das Wetter oftmals rasch verändern kann. Der Wind beginnt aufzufrischen. Plötzlich ziehen unheimlich viele Wolken auf. Dann sehen wir urplötzlich, dass von dem Schwarz gar nicht mehr viel da ist, sondern sich ein Sammelsurium von unterschiedlichen Grautönen auftut – es fordert uns heraus, erzählt uns, wie Leben eigentlich funktioniert und dass wir nicht immer nur eine heile Welt durchleben und wir für unser Weiterkommen, Wachsen und Entwickeln mehr brauchen als nur Sonnenschein, der intensiv aufgenommen, bekanntermaßen Sonnenbrand verursacht.

Der Psalmist aus der Bibel sagt an dieser Stelle (Psalm 23,4): »Und wandere ich noch im tiefen Tal ...«; das ist kein überdauernder Zustand, von dem uns Himmelangst werden müsste, sondern eine temporäre Aufnahme unseres Lebens, die zu uns gehört, die wir durchziehen müssen, weil sie uns im Nachhinein stärkt, uns weiterbringt und uns zu der Persönlichkeit reifen lässt, die wir heute sind und in Zukunft sein werden. Danach wissen wir, wie schön es ist, wieder aus dem Tal hinaufzusteigen und langsam den weiten Horizont zu erkennen, der sich dann vor uns erstreckt.

Vielleicht wäre er auch vorher schon zu erkennen gewesen, doch, wenn wir nicht durch dieses Tal gewandert wären, hätte der schöne Horizont noch so vehement rufen und schreien können – wir hätten ihn höchstwahrscheinlich nicht wahrgenommen. Und zwar deswegen nicht, weil wir vorher noch nicht reif für den Blick auf ihn gewesen wären. Diesen neuen Blick und die erhaltene Erkenntnis mussten wir uns erst erarbeiten. Und dies können wir als Quintessenz und Erfahrung für uns mitnehmen, wenn wir aus einer Wanderung durch unwegsame Täler zurückkehren. Geben wir nicht auf, wenn wir dort unterwegs sind! Zum aktuellen Zeitpunkt sind wir womöglich noch nicht in der Lage zu wissen, warum und zu welchem Zweck wir diese Zeit durchzustehen haben.

Motivieren wir uns in dieser Situation doch mit dem Gedanken, dass irgendwann das Licht auf unsere Fragen fallen wird und wir zu diesem Zeitpunkt dann die erhofften Antworten erhalten werden.

Eine alte und oft zitierte Geschichte aus Japan aus der Feder eines unbekannten Urhebers fasst diese Gedanken sehr gut zusammen:

Ein Mann lebte mit seinem Sohn in den Bergen. Eines Tages lief den beiden ein prächtiges Pferd davon. Daraufhin kamen die Nachbarn zusammen und bemitleideten den Mann, indem sie zu ihm sagten, was für ein Pech er doch habe. Der Mann antwortete: »Glück oder Pech?«

Eine Woche später kam das Pferd mit einer großen Herde Wildpferden wieder auf den Hof des Mannes zurück. Da versammelten sich wieder die Nachbarn bei ihm und sagten, was für ein Glück ihm doch widerfahren sei.

Der Mann antwortete nur: »Glück oder Pech?«

Als sein Sohn daraufhin die Wildpferde zureiten wollte, fiel er von einem der Pferde herunter und brach sich einen Arm. Sofort kamen die Nachbarn unverzüglich auf dem Hof zusammen und bedauerten den Jungen, indem sie sagten, welch ein Pech ihm doch widerfahren sei. Sein Vater antwortete jenen: »Glück oder Pech?«

Wieder einige Tage später kamen Soldaten an dem Hof

vorbei, um den Sohn des Mannes zum Kriegsdienst zu holen, da Krieg drohte. *Da sich der junge Mann allerdings kurz zuvor einen Arm gebrochen hatte, wurde er als Soldat verschont.*

Wie schätzen wir unsere eigenen Lebenssituationen ein? Sind wir manchmal auch vorschnell mit unserer Meinung? In Situationen, in denen ein übereiltes Urteilen über eine Person oder ein Ereignis anstehen mag, kann uns diese Geschichte daran erinnern, einen Gang zurückzuschalten, den Moment oder die Sache zu überdenken und abzuwarten, in welchem Licht die Situation denn noch erscheinen kann.

Tipps zum Glücklicherwerden:

Lesen Sie sich gerne nochmals die kurze Geschichte über die Frage zu Glück oder Pech durch. Kennen Sie aus Ihrem Leben Situationen, die Sie vorschnell eingeordnet haben? Welche Schlüsse ziehen Sie für sich aus dieser Geschichte? Bei der Beantwortung kann uns der Faktor Zeit und die Einordnung des Geschehenen in einen größeren Kontext behilflich sein. Auf diese Weise können wir einen Weitblick erhalten, der viel mehr Lebensbereiche einschließt, als wir es zunächst für möglich gehalten haben.

Nehmen Sie sich etwas Zeit, um gedanklich zu den Momenten zurückzukehren, die Sie als Täler, Durststrecken oder Dunkelheiten erfahren mussten. Mit etwas Abstand auf diese Zeiten hat sich Ihr Blick eventuell darauf verändert. Gab es positive Entwicklungen, die Sie aus den zunächst schwierigen Zeiten ableiten können und über die Sie heute dankbar sind?

»Have a little patience.«
Take That

7. Warte mal …

Geduld zu haben scheint wahrscheinlich eine Tugend zu sein, die in unserer schnelllebigen Welt nicht mehr allzu gefragt ist. Hatten wir damals einen Brief geschrieben und ihn in den Postkasten geworfen, vergingen ein bis zwei Tage, bis er zum Empfänger transportiert worden war. Bis schließlich eine Antwort zu erwarten war, verstrichen wiederum einige Tage. Heute versenden wir E-Mails oder WhatsApp-Nachrichten und erwarten im Grunde, dass sie umgehend von unseren Kommunikationspartnern gelesen und beantwortet werden.

Geduld scheint für uns ein lebensbegleitendes Übel zu sein. Einerseits lernen wir von klein auf, geduldig zu sein. In strengeren Elternhäusern gab es die Regel, dass Kinder zunächst ihre Mahlzeit aufessen sollen und erst danach wieder zum Spielen gehen dürfen – was für ein Geduldsakt! Und andererseits, obwohl wir ja anscheinend im Geduldwahren dermaßen gut trainiert sind, versagen wir permanent, wenn wir in Situationen geraten, in denen eben Geduld gefragt ist. Wie passt das zusammen?

Oder sollten wir die Frage eher so stellen, warum wir im Alltag oft so ungeduldig sind? Wer trichtert uns eigentlich ein, dass immer alles sofort nach unserer Vorstellung zu verlaufen hat? Vielleicht nehmen wir uns schlichtweg oftmals viel zu wichtig. Angenommen, es treffen an einer Kreuzung zwei Menschen zusammen, die sich jeder für sich äußerst wichtig nehmen, dann kommt es zu einem unausweichlichen Zusammenstoß.

Allerdings sollten wir unterscheiden, wann wir geduldig sein können und wann wir handeln müssen. Bricht ein Passant vor unseren Augen zusammen, sollten wir vielleicht nicht geduldig zur nächsten Parkbank schlendern, um von dort aus in aller Ruhe das Treiben zu beobachten, sondern sollten unvermittelt handeln, Erste Hilfe leisten und den Notruf absetzen.

Wenn wir mitverfolgen, dass eine Person im Begriff ist, einen schwerwiegenden Fehler zu begehen, dann sollten wir uns fragen, ob wir nun eingreifen, um Schlimmeres zu verhindern. Wenn es die Situation zulässt, dieser Person zuzusehen, wie sie etwas ausprobiert und ihre eigene Erfahrung machen möchte, dann können wir uns auch geduldig zurücklehnen und passiv werden.

Diese Situationen wollen eingeschätzt werden. Dafür hilft uns Erfahrung und unser gutes Bauchgefühl. »Gott gebe mir die Gelassenheit, Dinge hinzunehmen, die ich nicht ändern kann, den Mut, Dinge zu ändern, die ich ändern kann, und die Weisheit, das eine vom anderen zu unterscheiden.« Diesen Spruch von Reinhold Niebuhr kennen viele von uns, ob nun von Gott gegeben oder auch durch die Erfahrung und das Lernen aus dem Leben – es tut nicht nur uns gut, wenn wir im Laufe der Zeit unterscheiden lernen, wann wir handeln, wann wir zögern und wann wir eben einfach geduldig abwarten sollen.

Unser Dasein lässt sich auch danach ausrichten, wie wir miteinander gut auskommen können, damit wir Gesellschaften errichten, die untereinander Regeln und Werte postulieren, um in Frieden, Respekt und in Würde miteinander zu leben, und in denen jedes Mitglied allen anderen den Freiraum zugesteht, den es auch selbst zugestanden haben möchte.

Wenn wir also soziale Wesen sind – und wir sind es –, dann werden wir unser Leben nicht nur in Selbstbezogenheit gestalten, sondern auf den Nächsten hin beziehen, egal ob das nahe oder eher ferner stehende Personen zu uns sind. So können wir lernen, wie dieses Funktionieren und Auskommen zwischen uns allen tatsächlich gelingen kann.

Wir benötigen also diesen Zusammenhang, das Balancieren zwischen Egoismus und Altruismus. Genauso wie wir lernen dürfen, wann wir uns über unser eigenes Überleben Gedanken machen und wann wir uns um andere sorgen sollten. Zielt eine Lebensweise nur auf sich selbst und ihre Sorgen ab, dann tritt diese Person in ein großes Hamsterrad ein, um sich täglich aufs Neue nur selbst zu fangen oder hinter sich herzulaufen. Man bekäme nur noch Augen für sich und irgendwann würde diese Person seine Umwelt ausblenden und ignorieren, dass es neben der eigenen konstruierten eine realere Welt gibt, in der sich wahres Leben und Gesellschaft abspielen.

Menschen, die sich selbst am Nächsten sind, die jede Situation nur nach ihrem Vorteil bewerten und andere rücklings liegen lassen, können nicht als sozial beschrieben werden. Wie wissen wir, welches Agieren wir an den Tag legen sollen?

Entweder dank der Menschen, die uns darauf aufmerksam machen oder anhand unseres inneren, ethischen Kompasses, den wir aus der imaginären Bursttasche holen und darauf schauen können, was er uns über unsere Gedanken und Worte zu sagen hat.

Tipps zum Glücklicherwerden:

Nehmen Sie sich etwas Zeit und denken Sie einmal nach, in welchen Situationen Sie Geduld an den Tag gelegt haben, weil Sie es von sich aus wollten. War es eher Geduld, die Sie für sich selbst oder andere aufgebracht haben? Manchmal benötigen wir diese Zeit der Geduld, weil beispielsweise eine Idee, ein Gedanke oder ein Vorhaben reifen muss. Geben Sie diesen inneren Prozessen den Raum, den sie benötigen, um zu wachsen und um selbst schließlich zur gegebenen Zeit die Früchte ernten zu können.

Wie sieht Ihr persönliches Balancieren zwischen Egoismus und Altruismus aus? Schreiben Sie im ersten Schritt einmal für sich auf, welche Form des Auf-sich-Schauens Ihnen guttut. Im nächsten Schritt notieren Sie, auf welche Art und Weise Sie sich für andere einsetzen, sich für diese Personen einbringen und welche Gefühle damit einhergehen. Mithilfe Ihrer Notizen können Sie Ansätze erfahren, wie Sie Ihre persönliche Ausgeglichenheit zwischen Ihnen und anderen nachhaltig auf- und ausbauen können.

»Sei du selbst die Veränderung, die du dir wünschst für diese Welt.«
Mahatma Gandhi

8. Ethikdiskussionen

Es liegt an jeder Person, ihren Weg zu finden, damit sie mit sich selbst und anderen gut auskommen kann. Handeln wir denn so, dass wir uns guten Gewissens im Spiegel betrachten können?

Lassen Sie uns diese Zeit nehmen, in Ruhe vor unserem Spiegelbild zu verharren und uns dabei anzusehen und vielleicht auf neue Weise erfahren zu können. Die glatten und weichen Stellen unserer Haut. Die Falten, die von unserem Leben zeugen und den zahlreichen Momenten, in denen wir gelächelt haben. Wir schauen uns in die Augen und versuchen, uns selbst darin zu finden. Schließlich kann uns dieser Blick einen Aufschluss darüber geben, dass wir uns unserer Identität bewusstwerden und ein klareres Bild von unserem Innersten erhalten. Was nehmen wir in diesem Moment für uns selbst wahr? Was erzählt dieses individuelle Gesicht über sich?

Können wir spüren, dass wir mit uns im Reinen sind oder stellen wir nun fest, dass noch einige Baustellen vorhanden sind, die es zu bearbeiten und abzuschließen gilt, bevor wir mit Stolz über uns sagen können: So ist es in Ordnung. Und zwar ohne sich selbst zu belügen?

»Handle nur nach derjenigen Maxime, durch die du zugleich wollen kannst, dass sie ein allgemeines Gesetz werde.« Immanuel Kant hat mit dieser Formulierung des als kategorischen Imperativ bekannten Ausspruchs den Versuch unternommen, die Menschen zum Nachdenken anzuregen. Daraus können wir ableiten, dass wir Ansätze wie diesen benötigen, um uns darüber Gedanken zu machen, wie zwischenmenschliches Leben sowohl in den kleineren familiären als auch in den größeren gesellschaftlichen Zusammenhängen funktionieren könnte.

Es lässt sich festhalten, dass diese Ethikdiskussion bei Weitem noch keinen allgemeingültigen Konsens errungen hat, da zu viele Menschen zu unterschiedliche Auffassungen davon vertreten, was sie als Individuen und als Gesellschaft benötigen, um in einer guten, friedlichen Welt zusammenleben zu können, in der beispielsweise keine Menschen diskriminiert oder andere übervorteilt werden. So fordert u. a. die eine Gruppe mehr Toleranz ein, währenddessen andere Personen die Meinung vertreten, bereits zu tolerant zu sein. Und schon befinden sich die Beteiligten vom Grundgedanken her im Dilemma der Wertediskussion.

Immer wieder tauchen in den Medien die Fragen auf, welche Grund- und Identitätswerte in unserer Gesellschaft vorherrschen, welchen wir Beachtung schenken oder welche wir gar verinnerlichen sollten.

Im Grunde geht es doch darum, sich persönlich zu hinterfragen, ob das, was man denkt, nicht nur mit der eigenen Person in Einklang zu bringen ist, sondern auch mit anderen. Wir dürfen unsere Freiheit vorantreiben, doch gleichzeitig soll mit unserem Handeln einem anderen dadurch kein Gefängnis errichtet werden. Wenn wir an unserer Karriere arbeiten, dürfen wir niemanden skrupellos an dessen Plänen hindern. Rücksicht und Vorausschau – ein komplementäres Paar, das sich gut in Einklang bringen ließe.

Vielleicht können wir alle einen entsprechenden und für alle zu befolgenden ethischen Verhaltenskodex verinnerlichen. Es mag eine wichtige und herausfordernde Aufgabe für jeden Menschen darstellen, an dieser Umsicht mitzuarbeiten. Denn schließlich leben wir nicht für uns allein, sondern verfolgen einen Auftrag für unser Leben, der uns allen individuell ins Herz geschrieben ist. Wir dürfen uns aufmachen, um nach diesem Auftrag, den man auch als Sinn bezeichnen könnte, zu forschen und dabei werden wir erkennen, dass Sinnhaftigkeit stets mehr bedeutet, als nur für sich allein ein gutes Leben zu führen.

Tipps zum Glücklicherwerden:

Nehmen Sie sich einmal bewusst Zeit für Ihr Spiegelbild, um sich selbst achtsam zu beobachten. Erfahren Sie sich in aller Ruhe und erkennen Sie an Ihrer Person, ob sie Ihnen gerade eher traurig, freundlich, müde etc. entgegenblickt. Lächeln Sie sich zu und beobachten Sie, wie sich Ihr Blick und Ihre Mimik verändert. Welche Potenziale stecken in diesem Menschen, der Sie selbst sind? Genießen Sie den Moment, sich selbst in ein positives Licht zu rücken und dankbar dafür zu sein, einzigartig auf dieser Welt zu sein und Ihre Begabungen für sich und andere einsetzen zu können.

Was ist Ihnen in Ihrem Leben wichtig? Beobachten Sie, ob Sie sich in Ihren Wertegerüsten sicher, aufgehoben und wohlfühlen und hinterfragen Sie diejenigen Werthaltungen, die Sie verunsichern, einengen und die Ihnen nicht guttun.

»Das Leben geht weiter. Und wir sollten mitgehen ...«
Spencer Johnson

9. Steh-auf-Qualität beweisen

Vieles im Leben ist eine Sache der Einstellung. Diese formt sich mit den Jahren heraus und zeigt sich in unserer jeweiligen Sicht auf die unterschiedlichen Themen dieser Welt.

Leben bedeutet oftmals, immer wieder aufzustehen, nachdem wir hingefallen sind. Als Kinder geben wir nicht auf, um das Gehen zu erlernen. Wir trainieren solange, bis wir es schließlich können. Und anschließend nehmen wir unser nächstes Entwicklungsziel in den Blick. Ebenso resignieren wir nicht davor, unsere Muttersprache zu erlernen. Geduldig hören wir zu, plappern zunächst unverständliche Silben und Worte. Doch dann bauen wir langsam aber stetig unseren Wortschatz auf und erlernen die Grammatik. Wir geben nicht auf, weil wir den inneren Drang, die Neugierde verspüren, dieses Ziel zu erreichen.

Mit zunehmenden Jahren überdenken wir immer öfters unser Tun, wir bewerten und überlegen, wofür es sich lohnt zu investieren. Mit steigender Lebenserfahrung wissen wir, wann wir uns etwas sparen können; wann wir lieber sitzen bleiben und uns nicht vergebens anstrengen oder uns aufzureiben, weil wir uns bewusst sind, nicht in der Lage zu sein, diese bestimmte Sache schaffen zu können.

Wir werden feststellen, dass sich das Leben zwischendurch einschaltet und darauf drängt, dass wir die Fähigkeiten, die wir als Kinder so exzessiv anzuwenden wussten, wieder an den Tag legen sollen. Für unsere immer wiederkehrenden Steh-auf-Qualitäten wurde ein bereits weit verbreitetes eingedeutschtes neues Wort gefunden: die Resilienz. Alle Widrigkeiten unseres Alltags sollen mithilfe dieser Fähigkeit an uns abprallen, wie die lateinische Wortbedeutung vorgibt. Aber damit wir mit Absagen, mit schlechten Nachrichten, mit dem Verlust des Arbeitsplatzes oder anderen Rückschlägen umgehen lernen, benötigen wir einerseits eine dicke Haut und andererseits diese psychische Widerstandsfähigkeit, die uns nicht verzweifeln lässt, sondern uns anspornt, etwas nochmals oder auch auf andere Weise anzugehen.

Nebenbei erfahren und lernen wir, dass wir mit jedem erneuten Aufstehen ein bisschen mehr Freude empfinden können. Wir feuern uns an und dürfen uns darin bestärken, dass unsere Vorhaben jetzt erst recht funktionieren werden und wir mit Elan und positiven Emotionen an diese neuen Herausforderungen herangehen dürfen.

Für manche mag diese Sichtweise in erster Linie nach Selbstbetrug klingen – ja, das mag sein, aber ohne diesen Selbstbetrug würden wir viel zu schnell den Anschluss verlieren, uns vorzeitig aus dem Spiel nehmen, unsere Hoffnungen begraben und unsere Zwischenziele und Ziele nicht mehr erreichen.

Wir sprechen heute oft von Fähigkeiten, die man besitzen sollte, um im Berufs- und Privatleben gut zurecht zu kommen. Eine davon scheint – im ständig umfangreicheren Maße – genau diese Steh-wieder-auf-Fähigkeit zu sein.

Wenn wir als Kinder solchen Spaß dabei gehabt hatten, tausende Male den Versuch zu unternehmen, auf eigenen Beinen zu stehen, dann kann uns das darin bestärken, auch heute dabei Freude zu empfinden, nochmals wieder aufzustehen, nachdem ein Plan, ein Vorhaben oder eine Idee nicht aufgegangen ist, oder wenn das Schicksal sich als mieser Verräter entpuppt und uns reingelegt hat; wenn wir uns „re-set-en" müssen, weil der als wunderbar erdachte Traum zunächst wie eine Seifenblase geplatzt ist und wir mit unseren Fingern nur noch die Schaumreste aus unserem Gesicht wegwischen. Warum sollten wir in solchen Situationen dennoch nicht aufgeben? Weil wir in der Regel ein oder mehrere Ziele verfolgen, die es wert sind, sich vehement für sie und deren Gelingen einzusetzen. Ziele, die wir in der Regel bald aufgeben, werden, in der Rückschau betrachtet, nicht die gewesen sein, für die wir sie zunächst gehalten haben. Dann werden wir dankbar sein, dass wir sie ad acta legen konnten. Wenn uns also diese Widrigkeiten zusetzen, die kleinen wie die großen, dann haben wir jedes Recht der Welt, sauer zu sein, Wut zu empfinden, sich der Trauer hinzugeben und darin auch eine Zeitlang zu verweilen.

Doch dann sollten wir in unseren Steh-auf-Modus schalten, uns auf unsere kindlichen perfekten Fähigkeiten zurückbesinnen und wieder mit Neugierde an den Start gehen. Und vielleicht ist das Schicksal doch nicht so hinterlistig wie wir zunächst angenommen haben, sondern lässt sich erst jetzt unter einem neuartigen Blickwinkel erkennen. So wie bei der Feinjustierung und Neuausrichtung unserer Ziele.

Wenn wir nicht wieder aufstehen würden, würden wir es nicht erfahren, was wir hätten erreichen können. Dürfen wir uns dieser Wendungen in unserem Leben berauben?

Niemand gibt uns das Versprechen, dass unser Leben gradlinig verlaufen wird. Vielleicht sind aber die besten Wege jene, die wie durch eine kleine, verwinkelte griechische Stadt am Meer führen: ziemlich schön, aber auch verwoben, mit Einbahnstraßen, toten Winkeln, aber auch belebten Plätzen und mit atemberaubenden Aussichten auf das azurblaue Wasser.

Tipps zum Glücklicherwerden:

Nehmen Sie sich etwas Zeit und erinnern Sie sich an eine Situation, die Sie als schwierig empfunden, aber dennoch gut gemeistert haben. In dieser Situation haben Sie womöglich zunächst resigniert, aber dann haben Sie gehandelt. Sie haben sich gegen den Widerstand durchgesetzt und waren erfolgreich. Seien Sie sich dieser Fähigkeit und Stärke bewusst und glauben Sie daran, dass Sie die Kompetenz besitzen, auch zukünftige Herausforderungen anzunehmen und diese jedes Mal auf geeignete Weise zu bearbeiten. Dabei lernen Sie stetig hinzu und bauen Ihr persönliches Resilienzinventar auf.

Notieren Sie all diejenigen Fähigkeiten und Kompetenzen, die Sie bereits einmal in schwierigen Situationen erfolgreich angewandt haben. Nehmen Sie sich gerne etwas Zeit zum Überlegen und schreiben Sie auch die Punkte auf, die Sie als selbstverständlich erachten. Sie werden merken, dass Sie bereits über ein gutes Kompetenzinventar verfügen und können sich im nächsten Schritt darüber Gedanken machen, welche weiteren Kompetenzen Sie sich noch besser aneignen und trainieren möchten.

»Wer über See fährt, wechselt den Horizont, nicht den Charakter.«
Horaz

10. Scheuklappen bringen nichts

Kann es im Laufe unserer Lebensgeschichte vorkommen, dass wir uns selbst einengen und den durch Erfahrung gewonnenen Weitblick gegen Scheuklappen tauschen?

Kennen wir Sätze wie »Sowas brauche ich nicht mehr!« oder »Das haben wir schon immer so gemacht!«? Diese Aussagen verdeutlichen, dass diese Personen eine Beengung ihrer Sicht herbeiwünschen. Aber warum? Weil wir es uns dadurch einfacher, ja bequemer machen können; wir wollen uns auf den Bereich konzentrieren, den wir kennen, den wir uns erarbeitet haben und in dem wir uns schließlich sicher und aufgehoben fühlen.

Natürlich ist es von Vorteil, wenn wir beispielsweise vertraut mit unserem Laptop arbeiten können und uns genau mit den entsprechenden Funktionen und Programmen auskennen. Auf diese Weise können wir effizient und routiniert tätig sein. Doch plötzlich ergibt sich der Fall, dass das Notebook seinen Geist aufgibt, wir dafür Ersatz benötigen, aber das neue Gerät mit einem für uns bislang unbekannten Betriebssystem ausgestattet ist. Dann stehen wir mit unserem Wissen fast am Anfang und müssen uns erneut in die Materie hineinarbeiten. Nun liegt es an unserem Antrieb oder an der Lust auf das Neue – sind wir in unseren Handlungsroutinen eher eingefahren, dann werden wir uns sicherlich schwertun, bis wir das Arbeitsgerät vollends nutzen können. Sehen wir die Anschaffung als Herausforderung oder sogar als Spiel an, auf diese Weise wieder auf den aktuellsten Stand der Technik zu gelangen, dann werden wir unsere Herangehensweise als spannend bewerten.

All diejenigen, die sich nach Veränderung und dem Einsatz neuer Technologien und Möglichkeiten sehnen, werden sich in der postmodernen und hochdigitalisierten Welt von heute wahrscheinlich sehr zuhause fühlen und nicht genug davon bekommen, wie der Alltag in immer kürzeren Intervallen einfacher, fortschrittlicher und moderner gestaltet werden kann. Alexa ..., ein Name, der für eine Reihe von digitalen Sprachassistenten steht und einen immer größeren Nutzerkreis begeistern kann.

Allen Personen, die sich eher zu den Bewahrern oder konservativ Denkenden zählen, bleibt bei dem rasanten digitalen Wandel oftmals nur das Festklammern an eine gute alte Zeit, in der man oft der Beschönigung erliegt, dass früher alles besser gewesen sei.

Wir können aber festhalten, dass wir die Bewahrer und Traditionalisten sowohl heute als auch in Zukunft unter allen Umständen benötigen. Denn gerade diese Personen bilden das Fundament und die Brücke aus dem Schatz unserer gesamten Entwicklung und können immer wieder Rückbezüge, Meinungen, Diskussionen, Herleitungen etc. von damals auf unsere heutige Zeit anwenden, übertragen und kritisch in die aktuellen Strömungen und den Zeitgeist einbringen.

Wir können uns aus unserer Zeit nicht herausnehmen. Gerne würden wir Pandemien, wie der durch das Coronavirus verursachte, entfliehen – doch das können wir nicht; wir müssen durch diese Zeit mithilfe von Wissenschaft, Medizin, Politik und allgemeiner persönlicher sozialer Verantwortung einen sinnvollen Weg erkennen und diesen gemeinsam begehen. In einer allgemeinen Situation können Menschen sagen, sie wollen die Entwicklungen, ob politisch, technologisch oder welcher Art auch immer, nicht mittragen und deshalb in ein anderes Land, in eine andere Kultur übersiedeln – das steht schließlich, wenn möglich, allen frei.

Letztlich müssen wir es schaffen, unseren persönlichen Frieden zu finden – mit unserem Dasein und der Zeitspanne, in der wir auf dieser Welt leben. Machen wir das Beste daraus; wenn wir beispielsweise Smartphones benützen können und so ungebunden von Ort und Raum Kontakt mit anderen halten können, dann sollten wir das auch tun. Es erleichtert uns das Leben und ermöglicht u. a. das räumlich getrennte Arbeiten von Teams.

Natürlich können wir uns überlegen, ob das Smartphone für alle Lebensbereiche eingesetzt werden muss: per App den Sauger zuhause steuern oder den Kühlschrank befragen, ob noch ausreichend Lebensmittel bevorratet sind. Die Frage bleibt, ob dies alles Sinn macht und ob wir uns in nächster Zukunft irgendwann einmal selbst überflüssig machen. Diese Frage darf sich jede Person stellen und soll sich ihre Meinung darüber bilden.

Wir können uns fragen, warum wir anstrengende Tätigkeiten wie Rasen mähen ausführen sollen, wenn der Stand der Technik uns diese Arbeit intelligent abnehmen kann, während wir gemütlich von der Terrasse aus sitzend zusehen, wie der Mähroboter seine Kreise zieht.

Dann haben wir indessen mehr Zeit zum Lesen, zum Essen, zum Surfen und Shoppen und – mit einem Blick auf unsere Figur – laden wir uns Fitness-Apps herunter und schauen, dass wir unserem immer weniger trainierten Körper wieder etwas Gutes tun; manche sagen, es sei ein ewiges Hamsterrad, in das uns die Digitalisierung hineinzusetzen versucht. Und in der Tat ist es sehr verführerisch, diesem Trend anheimzufallen. Aber auch das liegt in unserer Freiheit, zu entscheiden, wie viel analoges und digitales Leben wir zulassen möchten und es uns persönlich guttut. Putzen, bügeln, Rasen mähen, sich um die Balkonpflanzen kümmern und Tomaten ziehen – das sind Tätigkeiten, bei denen wir merken, dass etwas vorangeht. Wir sind in Bewegung, sehen, was wir getan haben und freuen uns über den Duft von frisch geschnittenem Gras.

Bei allen Annehmlichkeiten können wir uns an unsere Wurzeln erinnern, dass wir als Menschen daraufhin ausgelegt sind, uns zu bewegen, zu arbeiten und zu denken. Vielleicht macht es Sinn, diese drei Aufgabenbereiche nicht zu kurz kommen zu lassen. Denn auf diese Weise gelangen wir auf dieser Ebene in ein gutes Gleichgewicht.

Wir können uns selbst befragen, ob wir das gute Gefühl kennen, etwas geschafft zu haben und wie sich diese abendliche Bilanz und die Rückschau auf den zurückliegenden Tag anfühlt. Im Hinblick auf dieses oder ähnliche Gefühle lässt sich in unserer modernen Zeit daran forschen, was Menschsein ausmacht und wie wir unserem Sinn und Auftrag auf dieser Welt gerecht werden.

Wir können beispielsweise unseren Anteil dazu leisten, dass nicht nur unser eigenes Leben besser, komfortabler und digital smarter wird, sondern wie unser eigener Beitrag dafür aussieht, unsere gemeinsame Welt für alle zu einem lebenswerten Ort werden zu lassen. Ob das die aktive Unterstützung in der Fridays-for-future-Bewegung ist, die Initiierung eines Nachbarschaftshilfsprogramms in und nach Zeiten der Covid-19-Pandemie oder die Benutzung des Fahrrads anstelle des PKWs, um zur Arbeit zu fahren. Wir alle sind aufgerufen unseren Beitrag für eine nachhaltige, lebenswerte und lebensmögliche Welt leisten.

Dafür dürfen wir in uns hineinhören und unser Gewissen befragen, was es uns jeweils zu sagen hat.

Tipps zum Glücklicherwerden:

Gönnen Sie sich etwas Zeit und überlegen Sie einmal, wann Sie für sich das letzte Mal einen sogenannten neuen Horizont entdeckt haben. Wie hat sich diese Erfahrung für Sie angefühlt? Welche Sichtweisen oder Erkenntnisse waren oder sind damit verbunden? Neue Horizonte oder neues Wissen aufzunehmen erweitert unser geistiges und seelisches Kapital. Wir erfahren mehr über die Welt, über andere Menschen und somit auch mehr über unsere eigene Person, wer wir sind, was uns ausmacht und welche Wege wir einschlagen können.

Haben Sie das Gefühl, sich in einem ausbalancierten Zustand zu befinden? Finden Sie für sich einmal heraus, ob Ihnen ein Ausgleich zwischen Aktivität und Passivität in Ihrem Alltag guttut. Wie viel Zeit möchten Sie Ihrem Körper für Bewegung schenken und wie viel Raum geben Sie der Muße bzw. dem Ausgleich und der Ruhe? Wir brauchen diesen Ausgleich, um innerlich ein Gefühl von Zufriedenheit empfinden zu können. So liegen auf den beiden Schalen der Waage Einsatz und Entspannung; und Sie können beide Seiten so befüllen, wie es Ihnen zuträglich ist.

*»Ich habe mich so gelangweilt, dass ich heute um Haares-
breite angefangen hätte zu putzen.«*
Eva Longoria alias Gabrielle

11. Großreinemachen

Manche Menschen mögen es überhaupt nicht, wenn überall in der Wohnung Kleidungsstücke herumliegen oder sich
das benutzte Geschirr in der Küchenspüle auftürmt. Für
diejenigen, die sich in ihrer WG eine Küche teilen, mag das
permanenten Anlass zum Streit geben, bei Gleichgesinnten gehören diese Tatsachen einfach zum Leben dazu und
man räumt stressfrei ab dem Zeitpunkt auf, wenn sich kein
sauberer Topf mehr finden lässt, um Nudelwasser aufzu-
setzen. Vielleicht denken wir manchmal daran, dass wir
doch recht komfortabel mit Gütern unterschiedlichster Art
ausgestattet sind.

Zu dieser Überlegung können wir uns selbst einmal befragen. Was benötigen wir eigentlich an Hab und Gut, um
glücklich zu sein? Müssen es beispielsweise vierzig Paar
Schuhe sein, oder reichen auch fünf, die tatsächlich auch
getragen werden? Viele kennen das Gefühl, sich nach einer überstandenen Aufgabe oder einer gemeisterten Herausforderung belohnen zu wollen, um sich eine Freude zu
machen. Warum auch nicht!

Wie lange allerdings hält diese Freude über das neue
Paar Schuhe oder das Hemd an? Schon eine längere Zeit?
Wenn Sie so darüber denken, dann war es ein tatsächlich
guter Kauf. Doch oftmals werden diese Dinge recht schnell
uninteressant und verschwinden im Kleiderschrank und
werden zu anderen Kleidungsstücken ins Regal gelegt.

So ist die Folge der Forderung unseres inneren Verlan-
gens, Neues anzuschaffen – etwas zu kaufen, mit einem
kurzweiligem Glücksgefühl verbunden; das Habenmüssen,

das letztlich wie eine Trophäenjagd endet, um das Erstandene dann hinter Glas abzulegen und zu sagen: Ja, das habe ich nun auch. Wir haken diese Gegenstände dann auf unserer Bucket List ab.

Soweit so gut. Doch schon bald drängen sich neue Wünsche auf diese Liste und verlangen, in die Tat umgesetzt zu werden. Wir brauchen nur einmal kurz unsere E-Mails checken, im Internet surfen und schon werden wir dank der unerschöpflichen Werbung auf hochinteressante Ideen und Must-haves gebracht.

So ignorieren wir die guten Vorsätze, unsere Wohnungen von dem Ballast zu befreien, der seit Jahren ein ungenutztes Dasein fristet und sind eher daran interessiert, immer mehr in unser Wohnreich zu schleppen, zu deponieren und diese Güter dort verstauben zu lassen.

Allerdings, so könnte man zugutehalten, benötigen wir in unserer heutigen Zeit schließlich auch einiges. Denken wir dabei nur einmal an unsere Küchen und mit welchen Gerätschaften wir sie eigentlich ausstatten können, oder gar sollten: Einen Kaffeevollautomaten, einen Wassersprudler, einen Thermomix, einen Dampfgarer, ein Vakuumiergerät, einen Wasserfilter, einen Vierfachtoaster, damit die ganze Familie gleichzeitig ihren Toast bekommen kann und so weiter. Und im Handumdrehen ist die ganze Küche zugestellt und die eben erworbene Eismaschine findet keinen Platz mehr. Wenn Ihnen nun diese Aufzählung zu überspitzt erscheint, dann gebe ich Ihnen recht, es war meine Intension.

Wenn wir also keinen Platz mehr haben, um auf der Anrichte das Gemüse oder das Fischfilet zuzubereiten, dann können wir auch kurz beim Pizzaservice anrufen oder wir befragen die große, zusätzliche Kühltruhe im Keller, welche schmackhafte TK-Ware binnen zehn Minuten in der Mikrowelle fertig gebrutzelt ist.

Es scheint, als wären diese Küchenhelfer aufgrund unseres materiellen Wohlstands angeschafft worden. Und das ist auch gut nachzuvollziehen, denn in Zeiten, in denen Einlagen auf Girokonten mit Strafzinsen belegt werden oder in Folge der Nullverzinsung eine permanente Inflation die Ersparnisse zusammenschrumpfen lässt, werden wir investieren – in die neue Küche, ins Zweitauto, in den Urlaub oder in Sonstiges.

Wir können uns allerdings zwischendurch die Frage stellen, wodurch wir glücklich und nachhaltig zufrieden werden können. Wie können wir tiefgehend dieses gute Gefühl in uns wahrnehmen und festigen? Sind es eher materielle oder immaterielle Werte, auf die wir zurückgreifen wollen. Darauf muss jede Person selbst eine Antwort finden.

Gehen wir einmal dieses salopp formulierte „Reinemachen" an. Heben wir unseren Lebensteppich hoch und schauen darunter nach, was sich dort alles angesammelt hat. Rücken wir dann die Gedankenkommoden von den Wänden weg, um dahinter nachzusehen, ob dort Unmengen von Staubmullen und Spinnenfäden vorzufinden sind. Und blicken wir abschließend auf unsere Hirnschränke, um zu sehen, was dort liegen geblieben ist, was man gar nicht mehr benötigt oder was schon längst vom Staub befreit werden sollte.

Beginnen wir mit diesem Nachschauen zunächst bei uns selbst und übertragen es im zweiten Schritt gerne auf unser Wohnumfeld. Auf diese Weise bringen wir wieder Licht in die dunklen und weniger frequentierten Stellen in unserem Leben. Nehmen wir den Putzlappen in die Hand, um auch hartnäckige Stellen wieder sauber und glänzend zu bekommen.

Wenn wir gefragt würden, ob ein frisch geputzter Wohnzimmerboden und eine an sich aufgeräumte Person nicht in ähnlicher Weise glänzen, was würden wir darauf für eine Antwort geben?

Beide glänzen von sich heraus. Dank der Pflege, dank des Beseitigens von herumliegendem und oft auch nachhängendem Kram.

Dennoch brauchen in keine blinde Putzwut zu verfallen, denn dann würden wir nur wieder aus unserer Balance fallen. Zumindest aber brauchen wir dieses innere und äußere Gefühl von Entspannung, das uns nach und nach beschleicht, um auf die wirklich für uns wichtigen Gedanken im Leben hinzuwirken.

Nach erfolgter Arbeit dürfen wir wieder einige Zeit faul sein, um zu leben, zu genießen, um uns zu orientieren, um unsere Lebensziele Revue passieren zu lassen und an neue Horizonte denken zu können.

Tipps zum Glücklicherwerden:

Machen Sie sich einmal darüber Gedanken, welche Gegenstände Sie schon lange Zeit nicht mehr benutzt haben oder die lediglich nur noch Platz in Anspruch nehmen, wie nicht mehr getragene Kleidung, eine defekte Stereoanlage oder eines von fünf alten Handys, die irgendwo in den Schubladen liegen. Probieren Sie doch aus, ob es Ihnen Freude bereitet, Ihre Wohnung auszumisten und sich von den Dingen zu trennen, die Sie nicht mehr benötigen und für die Sie auch in Zukunft keine Verwendung haben. Wir lieben den freien Blick auf den weiten Horizont, verbauen wir ihn uns nicht.

Unser Zuhause soll ein Ort des Rückzugs, der Erholung und des Lebens sein. Wenn Sie an Ihr Zuhause denken, gibt es etwas, was Sie hindert, diese guten Eigenschaften daran wahrzunehmen? Machen Sie sich einen Plan, was Sie zuhause verändern können; wenn Sie sich mit Ihrem Partner oder Ihrer Partnerin bzw. mit Ihrer Familie eine Wohnung teilen, nehmen Sie sich Zeit, um mit allen ins Gespräch zu kommen, wie Ihr Heim gestaltet werden soll, damit sich alle Bewohner darin wohl und geborgen fühlen können und setzen Sie diese Pläne entweder für sich oder gemeinsam mit allen Familienmitgliedern in die Tat um.

»Liebe was du tust.«
Steve Jobs

12. Engagement zeigen

Wenn uns etwas lieb ist, uns am Herzen liegt, dann können wir im Allgemeinen davon ausgehen, dass wir uns für dessen Verbleib, Wachstum, Bestand und deren Fortführung weiter einsetzen. Wenn eine Person beispielsweise oftmals das nächstgelegene Freibad besucht und dort unzählige Male seine Zeit verbracht hat, dann empfindet sie meist eine bestimmte Nähe und Vertrautheit zu diesem Ort. Wenn sie erfährt, dass das Gelände gar verkauft und in einen Industriekomplex umgewandelt werden soll, würde sie sich je nach Priorität und Engagement für den Verbleib ihres heiß geliebten Freibades einsetzen.

Für ein Engagement muss das Herz schlagen. Es bedarf einer bestimmten Überzeugung. Es ist uns nicht egal, was um uns herum passiert. Engagement kann bedeuten, dass wir ein Feuer anzünden wollen; wir reiben mit einem Stöckchen auf Holz, geben etwas trockenes Stroh dazu und die Reibungswärme von Holz auf Holz wird allmählich spürbar. Energie zeigt sich und dann steigt ein feiner Rauchkegel in die Höhe empor, wird größer, grauer und mächtiger. Wir zeigen mehr Einsatz, reiben und rollen das Stöckchen hin und her, bis der erste Funke das Stroh entzündet. Das ist jener Moment, den Tom Hanks im Blockbuster „Verschollen" triumphierend für sich selbst zelebriert, als es ihm nach seiner Strandung auf der einsamen Insel gelungen war, mit den eigenen Händen ein Feuer zu entzünden.

Es knistert. Es bewegt sich. Es regt sich Leben im Verzehren der Flammen. Und es beginnt zeitgleich die Sorge um den Fortbestand der Flammen. Jeder Ofenbesitzer kennt die Thematik, zuhause das Feuer anzuschüren und es auch am Leben zu erhalten, damit die Wärmeleistung gesichert ist. Dieses Entfachen benötigt Engagement und schließlich die Sorge um das Feuer an sich. So wird es nachhaltig. Dann beginnen wir zu diesem Thema eine Beziehung aufzubauen, die wir hegen und pflegen wollen.

Bei manchen Menschen geschieht dieses Entflammen von selbst. Auf einmal besteht ein Wunsch, sich um ein Thema oder um Menschen zu kümmern, sich mit etwas auseinanderzusetzen und das voranzubringen, woran man glaubt oder eine Überzeugung gewonnen hat.

Viele wollen keinen Stillstand – sie sind Macher und möchten ihren Verstand und ihre Hände einsetzen.

Stellen wir uns nur einmal vor, wir würden auf Ostern zugehen. Die Kinder hätten schon längst ein geeignetes Osternest für den Osterhasen ausgemacht und dann bliebe das Nest am Ostertag leer. Die Kinder würden sich überall auf die Suche machen. Aber was geschähe, wenn sie nicht fündig würden? Wahrscheinlich wären sie sehr enttäuscht – zurecht. Für welche Anliegen können wir uns begeistern? Für welche Belange möchten wir uns einsetzen?

Wie auch immer die Frage auf diese Antwort lauten mag, wenn wir alle den Funken in uns tragen, mit unserem Feuer die Welt nur ein wenig besser machen zu wollen, dann ist dieser Gedanke fern von aller Plattitüde einer, den wir nicht verwerfen, sondern uns Zeit nehmen sollten, ihn zu überdenken, ihn auszuweiten und daraus etwas Lebendiges zu machen.

Spätestens, um mit Bertolt Brechts Worten »Ändere die Welt; sie braucht es.«, zu sprechen, sollten wir uns hinterfragen, welches Feuer wir entfachen wollen, um dessen Energie für uns und andere zugänglich zu machen.

Tipps zum Glücklicherwerden:

Formulieren Sie für sich, was Sie gerne bzw. sehr gerne tun. Welche Bereiche in Ihrem Leben würden Sie hinsichtlich der Aussage von Steve Jobs: »Liebe was du tust.« nennen? Wenn wir diese Möglichkeiten ausleben können, sind wir mit positiven Emotionen und Glücksgefühlen bei der Sache. Je mehr wir in den Tätigkeiten aufgehen, die wir lieben, erfahren wir dieses wunderbare Gefühl des Flow-Zustands. Wir gehen also vollends in der Situation auf, wir vergessen die Zeit um uns herum und blicken mit einem sehr guten Gefühl auf diese Momente zurück. Was benötigen Sie dazu, um diese Flow-Zustände regelmäßig in Ihren Alltag zu integrieren?

Gibt es Bereiche in Ihrem Leben, die Sie gerne einmal ausprobiert hätten, diese aber seit langem immer wieder vor sich hin und auf einen späteren Zeitpunkt verschieben? Lohnt es sich, dass Sie einen bestimmten Traum in nächster Zeit in die Tat umsetzen? Wenn Sie der Meinung sind, dass es nun an der Zeit ist, etwas Neues auszuprobieren, wie beispielsweise das Erlernen einer Fremdsprache oder eines Musikinstruments, zögern Sie nicht länger, sondern planen Sie konkret, dieses Vorhaben zu realisieren. Erst wenn Sie es für sich ausprobieren, werden Sie wissen, ob es sich lohnt und zu einer Beschäftigung wird, die Sie mit Liebe ausführen und darin aufgehen können.

»Geh nicht immer auf dem vorgezeichneten Weg, der nur dahin führt, wo andere bereits gegangen sind.«
Alexander Graham Bell

13. Rausgehen – Sehen – Erleben

Mark Twain soll einmal gesagt haben: »Die zwei wichtigsten Tage im Leben sind der Tag, an dem man geboren wird und der Tag, an dem man erkennt, warum.«

Wann dieser zweite besondere Tag im Leben eines Menschen eintritt, wissen wir nicht. Einige verspüren schon in jungen Jahren einen Drang nach einer bestimmten Beschäftigung oder Aufgabe, finden ihre Bestimmung und hängen sich mit Leib und Seele in diese Sache hinein. Andere hingegen suchen nach dieser Erkenntnis viele Jahrzehnte, manche nehmen sie aber auch mit ins Grab.

Aber das muss nicht sein. Dafür können wir uns auch sensbilisieren, dafür müssen wir ein wenig investieren. Rausgehen. Sehen. Und erleben. Wenn wir dieses Triple zwischendurch beachten, wird es uns zu diesem Tag hinführen.

Wir werden erfahren, dass es dabei nicht nur bei uns Klick macht, sondern dass wir anderen damit ebenso ein großes Geschenk machen. Ganz nach dem Motto: Vom Ich zum Du und Wir. Während wir uns selbst glücklich machen und uns mit diesem Erfahrungsschatz beschenken, senden wir unweigerlich Signale in unser Umfeld hinaus.

Manche Menschen sehen ihre Lebenssonne bereits längst vom Horizont verschluckt, schon lange zuvor das auch tatsächlich zutrifft. Oftmals braucht es diesen einen zündenden Funken, dank dem man wahrnimmt, dass die Sonne mit voller Kraft wieder den eigenen Tag erhellt.

Dann können wir wieder nach draußen gehen, verabschieden uns von den immer gleichen und hinderlichen

Gedanken, von dem vermeintlichen Komfortbereich, den wir uns geschaffen haben. Denn es gibt viel zu entdecken, nicht nur in einer anderen Kultur, sondern gleich vor der Haustüre oder bei den Menschen, denen man zwanglos dort begegnet.

Wagen wir zwischendurch einmal Neues, etwas, das wir sonst nicht tun, das uns noch fremd ist und unsere Neugierde weckt. Entdecken wir die Welt um uns herum und finden dabei heraus, welche Erkenntnisse sie für uns bereithält, um irgendwann herauszufinden, warum wir auf diese Welt geboren sind. Dazu können uns unsere Wegbegleiter, Eltern, Geschwister, Erzieher, Lehrer und Freunde ebenso gut verhelfen wie das Kennenlernen unserer eigenen Person.

Wir lernen und entwickeln uns stetig weiter und sollten unsere kindliche Neugierde nicht auf dem Weg zum Erwachsenwerden verlieren. Ich wünsche uns allen, dass wir diesen Tag der Erkenntnis, zu erfahren, warum wir auf dieser Erde sind, zum richtigen Zeitpunkt wahrnehmen und dann unsere Ziele daraufhin auslegen.

Tipps zum Glücklicherwerden:

Erinnern Sie sich einmal an Ihr letztes Abenteuer zurück. Mit welchen Gefühlen haben Sie dieses erlebt und welche neuen Erkenntnisse haben Sie davon mitgenommen? Wenn wir hinausgehen, dann müssen das nicht unbedingt die Fernreisen in fremde Kulturen sein, wir können auch in den Wäldern, Bergen und Seen vor unseren Haustüren immer wieder Abenteuer erleben, auf interessante Menschen treffen, die uns begeistern oder auf Gipfel steigen, die uns ein ganz neues Gespür für die Schönheit und Weite der Region verleihen. Erleben heißt, sich weiterentwickeln und Weitsicht sammeln, die unsere Person bereichert und uns glücklich macht.

Als Menschen entwickeln wir uns weiter – jede Erfahrung, die wir machen, bedeutet, dass wir wachsen und reifen. Haben Sie sich schon einmal Gedanken darüber gemacht, wohin Sie sich gerne weiterentwickeln möchten? Schreiben Sie diese Entwicklungsschritte für sich auf und entwerfen Sie so eine persönliche Landkarte, die Ihren Weg mit allen Teilschritten aufzeigt. Dabei geht es nicht darum, dass diese Wege möglichst geradlinig verlaufen müssen, sondern so angelegt sind, wie es zu Ihrem Lebensentwurf passt.

»Ein lebendiges Wir braucht unbedingt ein selbstbewusstes Ich und ein bewusstes Ja zum Du.«
Ernst Ferstl

14. Vom Ich zum Du und Wir

Einer Prognose der Vereinten Nationen aus dem Jahr 2019 zufolge steigt die Zahl der Erdbewohner bis zum Jahr 2050 auf ca. 9,8 Milliarden Menschen an. Schon heute gibt es ja längst nicht für alle genügend Wasser und Nahrung, bzw. gelingt es nicht eine geeignete Verteilung dieser knappen Güter vorzunehmen.

Wir können es uns in unseren westlichen reichen Industrie- und Hightech-Nationen gar nicht mehr vorstellen, was es heißt, weder fließendes und sauberes Wasser aus der Leitung zu zapfen, noch auf Knopfdruck Strom nutzen zu können. Und überdies haben wir die Qual der Wahl, mit welchen der unzähligen und allesamt erfolgversprechenden Diätangeboten wir unser Übergewicht unter Kontrolle bekommen können.

Während wir in Deutschland zunehmend Übergewicht und Fettleibigkeit in der Bevölkerung zu registrieren haben, hoffen beispielsweise täglich Millionen von Menschen in zahlreichen Staaten Afrikas darauf, einen Liter Wasser und eine Tasse Reis zu erhalten.

Es ist spannend, wie sich die reichen Staaten diesem Problem annehmen werden. Eine Nation allein wird nichts ausrichten können. Demzufolge gilt es, zusammenzukommen, zu planen und einen Masterplan, gerade für die armen und ärmsten Länder, zu initiieren und nachhaltig durchzusetzen.

Gesamtgesellschaftlich gesehen können ohne ein Wir die Probleme unserer Zeit nicht angegangen und nachhaltig gelöst werden.

Von der persönlichen Mikroperspektive aus gesehen, gibt es uns eine bestimmte Sicherheit, in einer Blase aufgehoben zu sein. Blase deshalb, weil unser aller Leben von jetzt auf gleich vorbei sein kann. Wir haben es nicht in der Hand, wann wir wieder aus dieser Welt abberufen werden, aber wir planen unser Leben – und das ist auch in Ordnung so – als wenn wir es für scheinbar ewig, oder zumindest weit über das Durchschnittalter hinweg, führen könnten.

Während unserer Schulzeit lernen wir uns selbst besser kennen, werden uns darüber klar, wo unsere Stärken und Schwächen liegen und stecken unsere ersten Ziele ab. Wir fragen uns, in welchem Beruf wir glücklich werden können, welche Tätigkeit uns ein zufriedenstellendes Gefühl versprechen kann. Und dann schlagen wir unsere weiteren Wege ein.

Nicht alle unsere Lebenswege verlaufen geradlinig, aber wie manche Karriereberater heute verraten, muss ein Lebenslauf nicht mehr von Null auf Hundert durchgetaktet sein und geradewegs von einer Position zur nächsten verlaufen. Das ist unseren pluralisierten Lebensmöglichkeiten geschuldet und lässt dahinter manch interessanten Charakter vermuten, der sein Leben auf andere, individuelle Weise in die Hand nimmt.

Oftmals dauert es etliche Jahre, bis wir dahin gelangen können, um zu wissen, wohin uns unser Lebensweg führt. Wir leben nicht nur alleine vor uns hin, aber wir benötigen zu unserer positiven Entwicklung ein gesundes Ich. Wir brauchen dieses Ich gerade dort, wo es uns guttut, aber andere nicht einengt oder verletzt. Wir brauchen ein Ich, das uns gesund leben lässt, das unser Selbstbewusstsein unterstützt und bestätigt, einen einzigartigen und wichtigen Platz auf dieser Welt innezuhaben.

Aber wir brauchen auch ein Ich, welches über den Tellerrand unseres Lebens hinausblicken kann. Ein Ich, das seine Grenzen kennt. Ein Ich, das sich selbst und andere respektiert. Und zwar gleichermaßen.

Wir müssen unser Ich kennenlernen, es beschützen und aufziehen. Es hegen und pflegen, damit es in uns zur Geltung kommen kann, damit wir dadurch den Sinn in unserem Dasein erkennen und nach diesem Sinn denken, reden und handeln können.

Dieses Ich ziehen wir in der Balance zwischen mir und dir und uns auf. Dieses Ich einer Person ist kein reiner Selbstzweck. Das dürfen wir nicht vergessen! Dieses Ich kennt die Interessen und Ziele seiner Person und zielt zugleich auf andere ab, um sich dort das zweite Standbein aufzubauen.

Und dieses Bewusstsein, für sich zu leben und dieses Leben in einen Zusammenhang mit anderen zu bringen, ist die große Kunst im Wirken eines jeden Menschen. Sie birgt die Chance für ein gelungenes und facettenreiches Leben, verbunden mit dem guten Gefühl zu wissen, dass es im Leben dann doch auf das Du und das Wir ankommt.

Alleine macht Leben oftmals keinen Sinn. Spätestens nach den Sprachexperimenten durch Kaiser Friedrich II., wenn sie denn auch tatsächlich in der überlieferten Weise stattgefunden haben, wurde klar, dass Kinder nicht überleben können, wenn man sie des sozialen Kontakts beraubt. Und deswegen gehen wir Freundschaften ein.

Wir suchen uns Partner fürs Leben. Und wem diese Lebenspartnerschaft zu mutig und verwegen erscheint, der sucht sich einen Lebensabschnittgefährten, um Zeit mit jemandem zu verbringen. Wir möchten Menschen um uns haben, die wir Freunde und Familie nennen. Viele würden lieber das auf eine Visitenkarte schreiben, als eine Berufsbezeichnung, die weit hinter Freundschaft und Familienbande angesiedelt ist.

Macht uns eigentlich dann erst das Du zu einem wahren Ich? Kommt erst in dieser Symbiose unsere Persönlichkeit in Gänze zum Vorschein?

Vielleicht ist das der Schlüssel. Wir können darauf achtgeben, dass wir unser Ich zum Positiven hin entwickeln. Dafür können wir dem egoistischen, selbstverliebten und ignoranten Ich in uns den Wind aus den Segeln nehmen und uns bewusstmachen, dass für solche Ausprägungen in unserer Gesellschaft und in der gesamten Welt kein Platz dafür ist.

Überdenken wir unser Verhalten mit dem gesunden Menschenverstand und schulen wir ihn, um zu bemerken, wann wir Grenzen übertreten, andere verletzen und ihnen wehtun würden. Wir alle können an einer Kultur mitarbeiten, die von Respekt geprägt ist. Und dieser Respekt darf kein oberflächliches Geplänkel sein, sondern muss folgende Frage stellen: Wie gehen wir mit anderen um, wie sprechen wir sie an, wie handeln wir in gegenseitiger Rücksicht?

Sagen wir dem vielfach vorherrschenden Egoismus in unserer Gesellschaft den Kampf an und beginnen eine Realität aufzubauen, in der wir uns nicht ständig bildlich gesprochen die Köpfe einschlagen! Wir brauchen die Vision, dass wir alle unseren Anteil dazu leisten, in einer lebenswerten Umwelt aufwachsen und zusammenleben zu können.

Wir alle müssen das wollen, das alte egoistische Ich hinter uns lassen und uns darauf besinnen, wofür wir auf diese Welt gekommen sind, bestimmt nicht des Selbstzwecks wegen.

Und dann überdenken wir, wie wir unsere Fähigkeiten einbringen können – für mich, für dich und andere. Ganz nebenbei werden wir aus dieser Einstellung heraus erfahren, dass wir dadurch in der Lage sind, ein zufriedenes Leben führen zu dürfen.

Tipps zum Glücklicherwerden:

Überlegen Sie einmal in Ruhe für sich, wie wichtig Ihnen die Bereiche Ich, Du und Wir sind. Sie sind Experte für Ihre Person und wissen, mit welchen Menschen Sie zu tun haben. Bitte notieren Sie sich für alle drei Bereiche, was Ihnen jeweils wichtig ist, woraus Sie Kraft schöpfen können, und welche Schnittmenge Sie für Ihr Leben abbilden können. Vertrauen Sie beispielsweise eher auf sich selbst, haben Sie einen besten Freund, eine beste Freundin, in welcher Gruppe fühlen Sie sich besonders wohl?

Stellen Sie sich vor, eine Person, mit der Sie viel zu tun haben, würde von Ihnen erzählen, wie Sie sich verhalten, welchen Einfluss Sie auf sie ausüben, was sie an Ihnen bewundert, welche Charaktereigenschaften sie Ihnen zuschreibt und welches Bild im Allgemeinen sie über Sie entwirft. Nehmen Sie konkret die Sichtweise dieser bekannten Person ein und blicken Sie auf diese Weise auf sich. Entdecken Sie sich unter diesem Blickwinkel einmal von einer neuen Seite und erfahren Sie, welchen Beitrag Sie leisten, dass andere Personen positiv und dankbar von Ihnen erzählen.

*»Schaust du mich aus deinen Augen lächelnd wie aus Him-
meln an, fühl' ich's wohl, dass solche Sprache keine Lippe
führen kann.«*
Joseph Freiherr von Eichendorff

15. Nichts wegzulächeln

Insgesamt scheint es, als würden wir heute immer nega-
tiver in unseren Gedanken und Worten. Manche werden
nun einwerfen, dass dieses Verhalten angesichts der pre-
kären Situation, in der sich die Welt aktuell befindet, wohl
nicht grundlos ist. Also sollten wir auch gar nicht so tun,
also ob alles in Ordnung wäre, denn jedes Weglächeln von
Sorgen und Problemen ist doch nur eine unwahre Geste.
Haben wir in Anbetracht von Pandemie, weltweiten Res-
triktionen, Reisebeschränkungen, steigender Arbeitslo-
senzahlen und Insolvenzen das Lachen verloren? Viele ja,
denn sie sind schließlich unmittelbar davon betroffen.

Dennoch können wir der Wahrheit ins Auge blicken
und müssen trotzdem nicht das Lächeln verlieren. Ganz
abgesehen davon, dass wir trotzdem täglich viel Wunderbares erfahren dürfen, sogenannte Mikromomente des
Glücks. Diese kleinen Glücksbringer gehen oft unbemerkt
an uns vorüber wie eine schöne Blüte am Wegesrand, ein
strahlend blauer Himmel oder ein wunderbarer Sonnen-
untergang.

Vieles in unserem Leben können wir nicht ändern. Und
wenn wir in unserem Freiheits- und Demokratieverständ-
nis auf die Straße gehen und unseren Unmut über Miss-
stände oder anderes kundtun, liegt es nicht unbedingt in
unserer Hand, dass sich genau die Veränderungen herbei-
führen lassen, für die wir uns stark machen.

Jeder von uns hat eine von ca. 83 anderen Millionen
Stimmen in diesem Land. Bei einer solch hohen Anzahl

lassen sich dann doch ziemlich viele Ansichten finden, die natürlich aufeinanderprallen.

Lassen wir uns trotz allem das Lachen nicht nehmen. Wir können uns nichts Besseres für uns selbst und andere gönnen. Als Kinder lachen wir ungefähr 400 Mal am Tag. Bei Erwachsenen schrumpft dieses wunderbare Verhalten auf durchschnittlich 15 Mal täglich zusammen. Warum tun wir uns das an?

Vielleicht haben wir entscheidend weniger Gründe, um zu lachen und sind damit beschäftigt, mit den Widrigkeiten des Lebens und den damit einhergehenden Anforderungen zurechtzukommen.

400 Mal täglich zu lachen bedeutet, jede Stunde ca. 16 Mal das Gefühl von Freude zu erhalten. Wenn wir lachen, schüttet unser Körper reichlich Serotonin, das als Glückhormon bekannt ist, aus. Wir entspannen und beschenken uns mit einer kostenlosen Sauerstoffkur, weil wir dabei intensiver atmen. Und letztlich bemerken wir, in welchen positiven Zustand wir uns versetzt haben.

Um diese Stimmung zu erleben, buchen Menschen heute u. a. Lachkurse, um beispielsweise bei vorgegebenen Lachmustern wie »Hahaha« und »Hihihi« nach und nach zu einem tiefen, herzhaften Lachen angeleitet zu werden. Was sagt uns das? Wir haben das Lachen bestimmt noch nicht verlernt und wir können es ein Leben lang praktizieren, weil es immer Gründe dafür gibt.

Beginnen wir, uns dieser kleinen Tatsache bewusst zu werden, täglich wieder mehr zu lachen und zu lächeln. Lächeln ist ein ernstgemeinter Türöffner. Lächeln kann ansteckend wirken. Wenn wir lächeln, dann öffnen wir uns. Wir nehmen bildhaft gesprochen die verspiegelte Sonnenbrille von der Nase, setzen möglicherweise eine Mund-Nase-Bedeckung ab und lassen jemanden in unser Inneres schauen. Vielleicht öffnen sich die Menschen, mit denen wir zu tun haben, dann ebenso, weil sie wissen, dass dieses Lächeln ehrlich gemeint ist und von Herzen kommt.

Lächeln wir. Weil es unserer Gesundheit zugutekommt. Weil wir anderen signalisieren, dass wir sie wahrnehmen und sie deshalb mit diesem Lächeln beschenken.

Ja, Lächeln kann ein kleines, kostenloses Geschenk sein, eines, das vor allem in Großstädten Menschen gegenüber in all der Anonymität aufzeigt, dass wir uns gegenseitig wertschätzen, nicht auf die Füße treten, manchmal auch einmal aufeinander warten, damit an einer beengten Stelle der andere zuerst vorübergehen darf oder wir eine Person an der Supermarktkasse vorbeilassen, weil sie es eiliger hat als wir selbst.

Tipps zum Glücklicherwerden:

Gönnen Sie sich etwas Zeit, schließen Sie Ihre Augen und denken Sie an etwas Schönes. Fühlen Sie sich kurz in diese Situation hinein, nehmen Sie die positiven Gedanken wahr und lassen Sie diese auf sich einwirken. Denken Sie an Ihren Mund und ziehen Sie Ihre Mundwinkel langsam, aber aktiv nach oben. Gönnen Sie sich diesen Augenblick und öffnen Sie, wenn Sie mögen, den Mund und beginnen Sie zu lächeln. Öffnen Sie die Augen und genießen Sie diesen positiven Moment!

Begegnen Sie mit einem Lächeln auf den Lippen anderen Menschen, auf die Sie in der Fußgängerzone oder im Supermarkt treffen. Beobachten Sie, was dieser freundlich-positive Moment sowohl bei Ihnen als auch bei den anderen Personen auslösen kann.

»We are only as strong as we are united, as weak as we are divided.«
Joanne K. Rowling

16. Wertelandschaften

Was erachten wir heute als besonders wertvoll in unserer Gesellschaft? Wahrscheinlich gehen bei diesem Thema die Meinungen sehr weit auseinander. Manchen bedeuten Beziehungen sehr viel, einige hingegen setzen auf Disziplin und andere wiederum sehen in ihrem Familienleben ihre Sinnerfüllung.

Unsere Gesellschaft basiert auf zentralen und gemeinsamen Werten, die als Orientierung für uns alle gelten. In der Zeit des Wiederaufbaus nach dem zweiten Weltkrieg und in der Phase des Wirtschaftswunders des vorhergehenden Jahrhunderts standen Fleiß, Engagement und die hervorragende Qualität einer neuen Produktvielfalt als besondere Werte im Vordergrund.

In der zunehmenden Diversifikation und Individualisierung unserer Gesellschaft haben sich u. a. auch die Wertvorstellungen verändert und pluralisiert.

Welche Werte lassen sich aufzählen, die heute eine Grundlage für viele Menschen bedeuten? Wahrscheinlich bedeutet Fleiß nach wie vor die Basis, um ein gutes Bildungsniveau zu erreichen und diejenige Ausbildung anzugehen, die den persönlichen Fähigkeiten und Vorlieben entspricht.

Ein weiterer Wert mag auf der Toleranz liegen. Unsere Lebensgewohnheiten und -vorstellungen lassen sich nicht mehr mehrheitlich beschreiben, da wir oftmals die Freiheit besitzen, unseren Lebensstil so zu wählen, wie er uns am besten erscheint. Dafür fordern wir Toleranz von den Personen ein, die beispielsweise in eher traditionellen Milieus beheimatet sind. Zudem sind wir aufgefordert, diejenigen Lebensentwürfe zu akzeptieren, die andere Menschen in unserer Gesellschaft für gut und sinnvoll erachten und auch ausleben möchten.

Und dann empfinden viele Menschen den Drang, sich weiterentwickeln zu wollen. Nicht umsonst hat unsere Gesellschaft seit Gründung der Bundesrepublik Deutschland eine starke Entwicklung hinter sich.

Besonders in unserer gegenwärtigen Zeit, in der wir bereits auf ein hohes Gut von Bestandswissen zugreifen können, forschen, entwickeln, hinterfragen und verbessern wir uns stetig in allen wissenschaftlichen und nichtwissenschaftlichen Bereichen. Wir verspüren den Drang, Zukunft zu gestalten und nicht nur die Gegenwart zu verwalten.

Und dennoch müssen wir auch bewahren, uns an die Geschichte erinnern und dürfen sie nicht außer Acht lassen. Das gilt für die persönlichen Wurzeln jeder Person ebenso, wie auch für die Historie der Gesellschaft, zu der man sich zugehörig fühlt.

In Deutschland setzen uns nach wie vor für den Frieden in unserer Gesellschaft und in der Welt ein. Ein Wert, den jede und jeder Einzelne von uns für sein Alltagsleben fest eingeprägt haben sollte – heute und in Zukunft. Frieden als ein Wert, der globale Beachtung und Verinnerlichung besitzen muss, vom Miteinander in den Familien bis hin zum allgemeinen Zusammenleben von unterschiedlichen Kulturen und Gesellschaften.

Wir spüren aber auch, dass Frieden in zahlreichen Bereichen und an vielen Orten bröckelt und instabil wird; angefacht von Hass, Hetze oder irgendwelchen Ideologien, die zerstören wollen anstatt zu einen. Deswegen brauchen wir diesen Wert in der Verankerung jedes einzelnen Menschen, damit Frieden für die eigene Person erfahrbar wird und sie aus diesem Zustand heraus sozial interagieren kann.

Welche Grundwerte würden wir als diejenigen beschreiben, die wir alle gemeinsam achten und einhalten sollten? Werte wie Familie, Freundschaft, Wohlstand, Arbeit, Achtung, Anerkennung, Respekt und viele weitere lassen eine große, vielfältige Liste entstehen.

Die Gesundheit, die wir uns vor allem zu Geburtstagen wünschen, fügt sich ebenso in diese Liste ein und gilt als ein besonderer Wert, den wir ein Leben lang aufrechterhalten wollen. Welche Werte sind uns zudem besonders wichtig?

Kommen wir nochmals auf unsere persönliche biografische Landkarte zurück, um sie zu erweitern und zu aktualisieren. Diese beinhaltet unseren Lebensweg und die Stationen, die wir bereits durchlaufen haben. Sie zeigt auf, wo wir uns derzeit befinden und wie wir uns unseren weiteren Lebensweg vorstellen.

Dabei definieren wir auch die kleinen wie die großen Ziele, die wir auf unserem Lebensweg anstreben und erreichen wollen. Manche dieser Ziele werden wir auf der aktuellen Karte bereits eintragen können.

Wir finden dort auch unsere Werte, die uns zu eigen sind und die uns helfen, unseren Weg zu gehen. Diese Landkarte bildet einen wunderbaren Rahmen, sich und seine Situation einmal zu reflektieren, innezuhalten und zu überprüfen, ob alles gut ist oder ob man etwas verändern sollte.

Tipps zum Glücklicherwerden:

Haben Sie sich schon einmal Gedanken gemacht, nach welchen Werten Sie Ihr Handeln und Denken ausrichten? Nehmen Sie sich etwas Zeit und notieren Sie sich diejenigen Werte, die Ihnen sehr wichtig sind und Ihrem Leben einen Halt und eine Richtung geben. Vielleicht denken Sie auch an Werte, die sich für Sie gewandelt und die Sie aufgegeben haben.

Werte befinden sich oftmals in einem Wandel, d. h. wir geben Ihnen eine erweiterte oder neue Bedeutung. Welche Werthaltungen benötigen Sie, um zufriedener leben zu können? Ist es Ihnen möglich, diese Werte auszuleben und mit denjenigen Personen, mit denen Sie zu tun haben, in Einklang zu bringen? Werte, nach denen Sie Ihr Denken und Handeln ausrichten, können sich als wunderbare Richtschnur erweisen und Ihnen das Gefühl von Sicherheit und Stärke schenken.

»So I pour my heart into your hands. It's like you really un-
derstand. You love the way I am.«
Rachel Platten

17. Plädoyer für die Liebe

Wie wunderbar ist es doch wahrzunehmen, wenn die Gefühle sprichwörtlich Achterbahn fahren, weil eine junge
Liebe ihr Glück kaum fassen kann und dem Paar ein Lächeln auf die Lippen zaubert, das man ihnen für alle Zeiten
wünschen mag. Was wäre die Menschheit ohne Liebe?

Liebe kann der Klebstoff sein, der letztlich vieles zu-
sammenzukitten kann. Manchmal wird die Frage gestellt,
was eigentlich zuerst da war: die Liebe oder der Hass?

Gehen wir von der positiven Herangehensweise aus,
also von der Liebe, aus der sich diese Welt geformt hat.
Menschen haben zueinander gefunden, um ihre Liebe
weiterzugeben.

Liebe wird niemals enden. Soldaten, die auch heute
noch zu Hunderttausenden in die Krisen- und Kriegsregio-
nen dieser Welt entsandt werden, wissen um die Kraft der
Liebe und dass nur sie es ist, die am Ende des Einsatzes
als Licht am Ende des Tunnels stehen wird; in Gedanken,
Träumen und Sehnsüchten.

Sie hat die Kraft, am Leben zu halten – im Gefängnis
und während Folter, dann, wenn Liebe den Menschen im
brutalsten Sinne entzogen werden soll.

Hass wird nicht das Ende der menschlichen Gefühle
bilden, dafür ist er zu blind, zu egoistisch und mit zu über-
großen Scheuklappen verbunden. Hass fährt irgendwann
in diese Einbahnstraße, in der es keine Möglichkeit mehr
zum Wenden gibt.

Manche mögen das Hölle nennen, aber vielleicht löscht
sich dieser Hass dann selbst einmal auf. Vielleicht.

Doch wenn wir erlauben, dass sich das Negative in unserer Welt wie eine Seuche ausbreiten darf und immer größere Teile der Erde für sich vereinnahmt, dann resignieren wir doch und lassen allen menschlichen Abgründen freien Lauf, geben damit den Freipass, Städte und Kontinente mit seinem erstickenden Schwarz zu überziehen.

Die Liebe wird das nicht zulassen. Ein gutes Buch in der Hand, ein schöner Film im Kino – was wollen wir dort lesen oder sehen? Natürlich ein gutes Ende. Wir wollen nicht mitansehen, wie der Held der Geschichte am Ende sein Leben verlieren wird. Ebenso wenig fiebern wir nicht den gesamten Roman über der jungen, zart aufblühenden Liebe eines Paares mit, wenn der Autor ihr schließlich keine Chance einräumen würde. Würden wir dieses Buch unseren Freunden empfehlen?

Wir lieben doch die Geschichten, die das Gute verkörpern, die letztlich den Sieg über Neid, Missgunst, Intrigen und sonstigen Machtspielchen davontragen. Wir wollen, dass der Bombenleger von den gutaussehenden Detectives gefasst und hinter Schloss und Riegel gebracht wird.

Beginnen wir aber wieder bei uns selbst. Wir müssen zunächst einmal von diesem großartigen Gefühl von Liebe infiziert werden. Wir müssen sie in uns spüren, damit wir erfahren dürfen, dass in ihr eine besondere Einzigartigkeit verborgen und eben auch zu fühlen ist. Liebe, um sie im zweiten Schritt auf andere zu übertragen, ist zugleich ein großes Geschenk an uns selbst.

Der junge Narziss aus der griechischen Mythologie konnte diesen zweiten Schritt neben der Eigenliebe leider nicht gehen und zerbrach schließlich an dieser einseitigen, auf sich bezogenen, unfruchtbaren Scheinliebe.

Wahre Liebe kann von keiner Wehrmauer gehalten werden. Sie dringt durch alle Ritzen hindurch und findet ihren Weg zum anderen.

Ein großes Pamphlet zur Liebe entstammt dem bekannten Hohelied der Liebe aus der heiligen Schrift 1 Kor 13: »Wenn ich in den Sprachen der Menschen und Engel redete, hätte aber die Liebe nicht, wäre ich dröhnendes Erz oder eine lärmende Pauke.

Und wenn ich prophetisch reden könnte und alle Geheimnisse wüsste und alle Erkenntnis hätte; wenn ich alle Glaubenkraft besäße und Berge damit versetzen könnte, hätte aber die Liebe nicht, wäre ich nichts. Und wenn ich meine ganze Habe verschenkte und wenn ich meinen Leib opferte, um mich zu rühmen, hätte aber die Liebe nicht, nützte es mir nichts.

Die Liebe ist langmütig, die Liebe ist gütig. Sie ereifert sich nicht, sie prahlt nicht, sie bläht sich nicht auf. Sie handelt nicht ungehörig, sucht nicht ihren Vorteil, lässt sich nicht zum Zorn reizen, trägt das Böse nicht nach. Sie freut sich nicht über das Unrecht, sondern freut sich an der Wahrheit. Sie erträgt alles, glaubt alles, hofft alles, hält allem stand.

Die Liebe hört niemals auf. [...] Für jetzt bleiben Glaube, Hoffnung, Liebe, diese drei; doch am größten unter ihnen ist die Liebe.«

Wie zuversichtlich kann uns der Gedanke stimmen, dass Liebe an sich niemals aufhören wird. Dem Autor des Hoheliedes nach hätten wir an allem materiellen Besitz und an all unseren geistigen Gaben keine Freude, wenn wir nicht auf die Liebe zurückgreifen würden. Eine Aussage, die wir für uns einmal durchdenken können.

Kann es im Laufe unseres Lebens passieren, dass wir Liebe als zu selbstverständlich voraussetzen? Vielleicht hören wir an irgendeinem Zeitpunkt auf, sie aktiv wahrzunehmen. Denn anscheinend gehört sie zu uns wie ein Organ, dessen Arbeit zur Selbstverständlichkeit geworden ist.

Im Grunde sehnen wir uns alle nach Liebe. All die Attribute, die Liebe im Allgemeinen ausmacht, zählt das Hohelied der Liebe letztlich auf. Genau diese Art von Liebe sollen wir erfahren, um uns in dieses großartige Gefühl einhüllen zu können und dort den Sinn für unser Tun oder gar unsere gesamte Existenz zu finden.

Wahre Liebe – diese zu finden, und für jemandem auch diese zu sein, dürfen wir nicht als selbstverständlich annehmen oder meinen, dass sie wahllos austauschbar wäre. Das ist sie nicht. Nicht für den einen Partner oder die Partnerin, auch nicht für Eltern, Freunde oder anderen Personen, mit denen wir zusammenleben und arbeiten.

Wir alle haben das Recht auf Liebe und wollen die Erfahrung machen, geliebt zu sein. Aus der Liebe heraus, die in uns strömt, können wir anderen begegnen und jene Menschen werden das dann auch spüren.

Tipps zum Glücklicherwerden:

Haben Sie sich selbst schon einmal eine Art Liebensbrief geschrieben? Auch wenn es sich ungewohnt anfühlen mag, lassen Sie sich einmal darauf ein und greifen Sie zu einem Blatt Papier und einem Stift. Schreiben Sie nun auf, was Sie an sich mögen und schätzen. Notieren Sie die Eigenschaften, die Sie als persönliche Stärken betrachten. Ebenso kann in diesem Brief Platz dafür finden, worüber Sie stolz sind und was Sie erreicht haben. Schließen Sie Ihre Zeilen mit einem Dank an sich selbst ab.

Im nächsten Schritt denken Sie nun an diejenigen Menschen, die Ihnen nahestehen und mit denen Sie eine positive Beziehung pflegen. Suchen Sie sich gerne eine bestimmte Person aus und überlegen Sie, was Sie von dieser Person an Zeit, Zuwendung, guten Gesprächen etc. erhalten. Nehmen Sie sich etwas Zeit, um wahrzunehmen, wie sich das anfühlt und was es in Ihnen auslöst. Der letzte Gedanke dreht sich nun wieder um Sie und welche Form von Liebe Sie anderen zukommen lassen, auf welche Weise Sie sich öffnen und andere beschenken und glücklich machen. Was denken Sie, dürfen diese Personen von Ihnen erhalten?

»Um klar zu sehen reicht oft ein Wechsel der Blickrichtung.«
Antoine de Saint-Exupéry

18. Lieber freier Wille

Uns Menschen wird es aber auch nicht immer leichtgemacht. Im Sinne der Kybernetik zählen wir nicht zu den trivialen Maschinen, wie es der Wissenschaftler Heinz von Foerster einmal formuliert hat.

Denn im Gegensatz zu diesen trivialen Maschinen, deren Aktionen voraussagbar sind, wie beispielsweise die Aktionen eines Schweißroboters, der für eine bestimmte Tätigkeit programmiert ist und diese in immer wiederkehrender Weise ausführt, außer er erleidet einen Defekt, lässt sich menschliches Denken und Handeln hingegen nicht so leicht vorhersehen.

Natürlich haben wir auch einiges an Vorgaben gesammelt, die wir den Jüngsten in unserer Gesellschaft mit auf den Weg geben, aber dennoch rührt hier doch kein regelhaftes Verhalten für jedwede Situation her. Beispielsweise kennen wir von der Bundeswehr das militärische Aufstellen, einheitliche Schreiten und Salutieren. Hier erfolgen die Gesten und Körperbewegungen unter allen Soldaten komplett identisch und nach vorher festgelegtem Ritus. Zu einem Zapfenstreich, also der ehrenvollen Verabschiedung eines Bundespräsidenten bzw. einer Bundespräsidentin etwa, kann man ein solch inszeniertes Zeremoniell verfolgen.

Heute leben wir in einer Zeit, in der viele nicht gerne konform mit einem für sie umfangreichen und ins Privatleben reichende Regelwerk leben wollen. Diese Freiheit können wir uns aufgrund unseres liberalen Gesellschaftssystems gönnen.

Zudem erleben aus der Pädagogik erscheinende Strömungen, die die Freiheit und die Ausformung des kindlichen freien Willens propagieren, aktuell einen hohen Zulauf. So keimt auch hier schon wieder ein Problem auf. Wie viel Grenze und Begleitung braucht ein Kind, um mit seinem freiem Willen nicht überfordert zu sein? Müssen wir nicht lernen, was es heißt, überhaupt einen freien Willen zu besitzen und wie wir diesen sodann auch einsetzen können? Dabei mögen wir aber von niemandem so eingeengt werden, dass wir unser eigenes Denken und Handeln womöglich selbst nicht mehr erkennen können.

Ein freier Wille mag oftmals gleichermaßen als Fluch und Segen empfunden werden. Einerseits erlaubt er uns größtmöglichen Handlungsraum und andererseits scheitern wir oft an der richtigen Entscheidung, wie wir sinnvoll mit dieser Möglichkeit des Entscheidens umgehen sollen und dürfen.

In diktatorischen Regimen wird diese Chance den Menschen in zahlreichen Lebensbereichen abgenommen. Ein aufgezwungener Normen- und Regelkatalog schnürt den Handlungsrahmen für diese Gesellschaften zusammen. Kontrolle scheint dabei als Durchsetzungsinstrument – dem Sprichwort nach – nachhaltig besser zu funktionieren als Vertrauen.

Ein freier Wille möchte allerdings eher als Geschenk verstanden werden. Aber wie es so oft im Leben ist: kaum ein Geschenk ohne Gegenleistung. Wie setzen wir dieses Geschenk ein? Nur für uns? Für unsere Ziele und Vorhaben? Blenden wir dafür alles um uns herum aus?

Wir können uns täglich vielmals für etwas entscheiden – für den einen, den anderen oder auch für gar keinen Weg. Es liegt an uns, wie wir diesen freien Willen einsetzen. Irgendwann sollten wir uns allerdings mit der Frage auseinandersetzen, welche Ziele unser Dasein verfolgt und welchen Sinn wir darin erkennen können. Wir brauchen diese Richtungsweiser, um ein zufriedenes und erfülltes wie auch sozialgeprägtes Leben zu führen.

Dem amerikanischen Psychologen Abraham Maslow verdanken wir unter anderem die nach ihm benannte Pyramide der Bedürfnisse. Diese besagt, dass wir zunächst nach der Erfüllung unserer existenziellen, physiologischen Anforderungen sowie denen nach Schutz und einem Dach über dem Kopf suchen. Danach spielen soziale Bedürfnisse und Anerkennung eine wichtige Rolle. An der Spitze der Pyramide angekommen, erklimmen wir die Stufen zur Selbstverwirklichung und den damit verbundenen essentiellen Fragen unseres Daseins.

Demnach setzen wir zunächst alles daran, uns selbst grundsätzlich zu versorgen. Hamsterkäufe, die man in schwierigen Zeiten, denken wir an z. B. den pandemiebedingten ersten Lockdown aus dem Jahr 2020 in der Bundesrepublik zurück, beobachten kann, erfüllen das Bedürfnis nach Sicherheit. Zu wissen, dass die Vorratskammern mit allen Gütern gefüllt sind, die man in Mangelzeiten benötigen könnte, verhelfen uns dabei, die Kontrolle über unseren Alltag zu behalten und Ängste zu minimieren.

Ferner wollen wir ein Teil der Gesellschaft sein, pflegen Freundschaften und schließen uns zu Partnerschaften und Familien zusammen, um gemeinsam leben zu dürfen. Früher oder später wird sich bei den meisten die Frage aufdrängen, wie der Sinn ihres Daseins lauten kann.

In Deutschland müssen wir im Allgemeinen nicht um die existenzsichernden Bedürfnisse unseres Lebens fürchten. Leider kann das aber auch heute noch nicht jede Bürgerin und jeder Bürger von sich behaupten. Dennoch ist es die Aufgabe des Sozialstaats dieses Grundkapital der Lebensführung seinen Mitgliedern zu ermöglichen – wir kennen das zum Beispiel aus dem Instrument der Grundsicherung und der aktuellen Diskussion um deren Aktualisierung bzw. Anpassung.

Insgesamt betrachtet müssen wir uns nach Maslow um einige tiefgreifende Probleme weniger sorgen. Wir sind eher um den Erhalt unseres Wohlstandes bemüht, streben danach, ihn weiter auszubauen und stellen Überlegungen an, ob wir in ein anderes Milieu wechseln wollen, das unserer aktuellen Einstellung am nächsten kommt.

Was ist uns heute besonders wichtig, worauf legen wir gesteigerten Wert? Auf soziale Anerkennung? Im Grunde möchten wir, dass andere auf uns aufmerksam werden; wir wollen sie an unserem Tun teilhaben lassen und ersehnen nichts Geringeres, als dass uns andere Menschen auf bestimmte Weise akzeptieren oder bewundern. In der heutigen Zeit können wir dabei auf der Bühne der zahlreichen Social-Media-Plattformen aktiv werden, wenn wir das möchten.

Tun oder lassen. Für mich oder für andere oder gegen andere? Wem sind wir eigentlich verpflichtet? Manche werden darauf antworten, dass sie sich in erster Linie um sich selbst kümmern wollen, andere wiederum haben aus sozialen Motiven heraus ebenso das Wohl des Nächsten im Auge.

Dank unseres freien Willens und unseres aktiven Handelns haben wir die Chance, die Welt ein wenig besser zu machen. Wir können vorausschauend planen. Wir können andere unterstützen. Wir können uns für Leute einsetzen, die es schwerer haben als wir. Mit einem Blick auf unsere Talente und Begabungen finden wir sicherlich Möglichkeiten, mit ihnen sinnvoll umzugehen und sie auszuleben.

Das ist alles andere als ein Auf-dem-Sofa-liegen-Programm. Das erfordert Nachdenken, Disziplin und Einsatz. In Anlehnung an die zwei oberen Stufen der Maslow-Pyramide, Anerkennung und Selbstverwirklichung, wissen wir, dass dieses Handeln uns Sinn verleihen und ebenso Zufriedenheit schenken wird.

Das, was wir geben, fließt auf irgendeine Weise auch

wieder zu uns zurück. Unternehmen wir einmal den Versuch dazu. Er wird uns beflügeln und die Seele aufpolieren; das erhaltene Feedback, die guten Gespräche, die (neuen) Freundschaften und vieles mehr. Generell lässt sich eine wichtige Abschlussfrage stellen: Welchen Sinn verfolgt denn der freie Wille?

Wir können ihn rein für unsere Belange einsetzen, aber auch im starken Gegensatz dazu rein altruistisch handeln und uns für andere aufopfern, oder in der Balance zwischen eigenen Motiven und denen von anderen Menschen leben.

Ein Leben zu führen, das sich immer wieder in den Balancezustand einpendelt, wenn wir einmal mehr die eine Seite und ein anderes Mal die andere Seite bevorzugt haben. Eine Lebenseinstellung, die uns immer wieder kräftigen und erden kann, damit wir in der Lage sind, stets die Anliegen unseres Umfelds wahrzunehmen und auch unsere Wünsche nach unseren Möglichkeiten zu gestalten und zu erreichen.

Dafür gibt es kein allgemein funktionierendes Patentrezept. Schließlich sind wir alle zu individuell mit unseren Ausstattungen und Anschauungen.

Hoffen wir auf sorgende Eltern und gute Lehrerinnen und Lehrer, die uns eine weite Sichtweise auf die Welt ermöglichen, um möglichst ohne Vorbehalte auf Menschen und sonstige gesellschaftsrelevante Zusammenhänge zugehen zu können. Wir brauchen im Alltag unsere Stützen, mit denen wir uns austauschen und an die wir uns anlehnen können. Wir brauchen dieses Nehmen und Geben.

Viele brennen aus, weil sie denken, sie müssten immer mehr geben, sich ständig für andere aufopfern, um sich im gleichen Zuge selbst zu vernachlässigen.

Tue Gutes und lass dir Gutes zukommen! Vielleicht wäre das ein Leitsatz, um ihn auch mit unserem freien Willen einmal durchzudenken. Und ein weiterer Leitsatz könnte lauten, dass wir mit unserem Atmen nicht nur der Umgebung Sauerstoff entziehen, sondern mit der Kraft in unseren Lungen und unserer Vitalität es nicht versäumen, etwas von unserer Kraft an das Umfeld wieder abzugeben.

Tipps zum Glücklicherwerden:

Haben Sie sich schon einmal Gedanken darüber gemacht, welches Geschenk Ihr freier Wille ist? Nehmen Sie sich etwas Zeit, um einmal nachzudenken, welche Art von Gedanken dieses Geschenk bei Ihnen bewirkt. Gerade jetzt ist die beste Zeit dafür, um Ihren Gedanken freien Lauf zu lassen; schicken Sie diese über fremde Horizonte und erleben Sie für sich eine Fantasiereise der besonderen Art, der Sie sich eine Zeitlang hingeben, bevor Sie gedanklich wieder in den Moment zurückkehren. Am Ende dieser Reise notieren Sie sich Ihre schönsten Erlebnisse.

Lassen Sie es zu, sich selbst im Alltag etwas Gutes zu tun. Wann haben Sie anderen Personen das letzte Mal etwas Gutes zukommen lassen, wie einen Dank, ein gutes Wort, eine unkomplizierte Hilfe? Schenken Sie diese Momente anderen Personen und Sie werden merken, dass auch Sie von diesen beschenkt werden und auf diese Weise positive Emotionen wahrnehmen. Bauen Sie dieses Geben und Nehmen in Ihren Alltag ein.

»In dieser Welt der Globalisierung sind wir in die Globalisierung der Gleichgültigkeit geraten. Wir haben uns an das Leiden des anderen gewöhnt, es betrifft uns nicht, es interessiert uns nicht, es geht uns nichts an!«
Papst Franziskus

19. Menschsein leben

Leisten wir einen Beitrag dazu, um unsere Gesellschaft so zu gestalten, damit wir gut miteinander umgehen? Wie sehr ist der Top-Leitgedanke unseres Grundgesetzes – Die Würde des Menschen ist unantastbar – bei uns allen tief verankert? Ab welchem Zeitpunkt lässt sich feststellen, dass eine Person ihrer Würde beraubt wird oder bereits ist?

Vielleicht beginnt ein solches Verhalten bereits dann, wenn wir einem bettelnden Menschen in der Innenstadt sehen, dieser uns seinen leeren Becher hinhält und wir ihn missachten und weitergehen.

Wie sieht es in Arbeitsprozessen aus, wenn man Menschen zwar den geforderten Mindestlohn bezahlt, ihnen aber täglich aufs Neue zu verstehen gibt, dass sie auch nicht mehr wert sind als das, was sie verdienen? Wie sieht es aus, wenn Menschen ihre Machtposition oder ihre Stärke missbrauchen, um aus den Schwächen anderer ihre Vorteile zu ziehen? Keiner von uns hatte und hat jemals das Recht, andere auszubeuten, zu misshandeln oder zu verletzen. Wann haben sich die Menschen beigebracht, dass es bessere und schlechtere unter ihnen gibt?

Das Christentum bezeichnet den Menschen als die Krone der Schöpfung. Wenn wir uns alle einmal Filme und Reportagen wie „Der Blaue Planet", „Unsere Erde" oder „Terra X" angesehen haben, dann gewinnen wir ein Bild davon, wie fantastisch und einzigartig die Natur gedacht und entstanden ist. Und wir als Menschen dürfen uns als i-Tüpfelchen darauf als eine Art Hüter dieser wunderbaren, vielfältigen Fauna und Flora sehen. Müssten wir da eigentlich nicht vor Ehrfurcht erstarren, weil wir mit einer solch großen, verantwortungsvollen Aufgabe betraut worden sind?

Ober verdrängen wir diesen Gedanken lieber aus unseren Köpfen, damit wir nicht auf die Idee kommen, unserem Leben ein so ehrgeiziges Ziel zu geben? Dennoch sollten wir uns fragen, für wen wir in unserem Leben Verantwortung tragen.

Zunächst für uns und alle, die Familie haben, und wir wissen, dass diese Verantwortung dann auf die Kinder und die nachfolgenden Generationen übergeht.

Wir können feststellen, dass das unsere Kernverantwortungsbereiche sind. Und das ist gut so. Irgendwie müssen wir uns abgrenzen, um den Überblick nicht zu verlieren und um zu wissen, wie wir mit unseren Kräften haushalten müssen.

Wenn wir aber über uns und unsere Kernfamilie hinausschauen und uns bewusstmachen, dass wir auch für andere Menschen und zudem für die Welt Verantwortung zu tragen haben, dann müssen wir überdenken, was das für unser Verhalten bedeutet.

Uns darf nicht egal sein, wie wir und andere mit den Ressourcen dieser Welt umgehen, sie aus Profit zerstören und ausbeuten. Wir müssen hinsehen, wenn Unrecht passiert und sich die Schwachen nicht verteidigen können. Wir müssen den Mund aufmachen – z. B. Petitionen unterzeichnen oder demonstrieren – und somit aus unserer Komfortzone treten, wenn wir merken, so manches System gerät aus den Fugen.

Der Mensch als Krone der Schöpfung. Wollen wir diesem Titel gerecht werden? Wir alle müssen uns hinterfragen, ob wir menschlich handeln. Gerade dann, wenn wir beginnen, uns um unseren hart erarbeiteten Wohlstand zu sorgen. Gerade dann, wenn wir uns abschotten, weil wir meinen, andere würden sich diesen Wohlstand unter den Nagel reißen wollen. Wir können mit unserem Verhalten Glanzlichter sein; wir können einander anstecken, indem wir zeigen, dass ein mitmenschliches Denken und Handeln nicht in einer Sackgasse enden wird, sondern den Weg zum Dialog und Umdenken eröffnet.

Das sind Gedanken, die vielleicht gerade nur so hoch wie die Spitze eines Eisbergs aus dem Wasser ragen. Es bedarf weiterer Anstrengung Menschsein zu leben, damit überall solche Maßstäbe etabliert und gelebt werden können.

Tipps zum Glücklicherwerden:

Nehmen Sie sich für die kommende Woche vor, wenn möglich jeden Tag darauf zu achten, etwas Gutes für die Umwelt zu tun. Das mag der Kauf von Lebensmitteln ohne Plastikverpackung sein oder der Weg zum Büro, der mit dem Fahrrad zurückgelegt wird und nicht mit dem privaten PKW. Erfahren Sie nach dieser Woche für sich, ob Ihnen dieser geleistete Beitrag guttut und vielleicht auf bestimmte Weise auch glücklich macht.

Behandeln Sie sich selbst eigentlich mit Respekt und Achtung? Wie definieren Sie diese beiden Begriffe für sich? Notieren Sie in diesem Zusammenhang, welche konkreten Gedanken, Worte oder Überzeugung zum Tragen kommen. Sie haben es verdient, dass Sie sich selbst gut behandeln, um auf sich selbst stolz sein zu dürfen. Denn aus dieser positiven Würdigung Ihrer eigenen Person heraus, werden Sie auch anderen Menschen diese Anerkennung weitergeben können.

»It's delightful when your imaginations come true, isn't it?«
Lucy Maud Montgomery

20. Traumzustände

Traumstrände. Vielleicht kommt uns genau dieses Wort in den Sinn, wenn wir über Traumzustände nachdenken. Ein perfekter Tag kann beispielsweise dann gelingen, wenn freie Zeit, Muße und Zufriedenheit auf einen endlos weit erscheinenden, weißen Sandstrand treffen, der von der Gischt der anrollenden Wellen immer wieder aufgemischt wird und sich das türkisfarbene Wasser bis zur Horizontlinie schiebt, um sich mit dem blauen Himmel zu vereinen. Unter dem herrlichen Schatten einer ausladenden Kokosnusspalme sitzend, verlieren sich die Blicke in der Weite und folgen den wenigen weißen Wolken, die unbeschreibliche Formationen bilden und sich irgendwann im Nichts verlieren.

Traumzustände, die Seele baumeln lassen und möglichen Gefühlen von Stress unmissverständlich zu verstehen geben, gerade fehl am Platz zu sein.

Solche Bilder erhoffen wir uns häufig für die nächsten Urlaubs- und Ferientage. Wir wünschen uns diese Gefühlslage, die wir mit diesen Orten verbinden, oftmals bereits viele Monate vorher herbei. Sie können wie große Steine sein, die uns auf dem Weg durch einen Fluss die Gelegenheit geben, ihn vorsichtig aber sicher zu überqueren. Sie lassen uns den Alltag bewältigen. Sie schieben sich zwischendurch in der Mittagspause in den Vordergrund und lassen unser Gesicht zum Strahlen bringen.

Wir können diese Traumzustände doch eigentlich viel öfters in unseren Alltag mit einbauen. Bestenfalls gelingt uns mit Training sogar ein permanenter Zustand von Zufriedenheit, der sich bei uns einstellt. Das mag eine generelle Sicht auf das Leben sein oder das gute Gefühl, das sich tief in uns ausbreitet und uns auf diese Weise stetig mit positiver Energie versorgt. Erinnern wir uns hier an die Gedanken zur Balance und an die Art, wie wir unser Leben für uns angenommen haben.

Dabei hilft es ungemein, mit Akzeptanz zu arbeiten. Wir brauchen in erster Linie die Akzeptanz für uns selbst, für unsere Art zu sein, zu denken und zu arbeiten. Dabei hilft es uns zu sehen, dass unsere berufliche Tätigkeit einen individuellen Sinn beinhaltet.

Und wenn es auch nur darum geht, Geld zu verdienen, dann erkennen wir wenigstens diesen kleinen gemeinsamen Nenner, den wir brauchen, um unser Tun zu akzeptieren, dahinter zu stehen und es anzunehmen. Im zweiten Schritt können wir tiefer in die Materie vorstoßen und nachforschen, ob sich noch mehr hinter unserer Tätigkeit versteckt. Wir dürfen davon ausgehen, dass wir bei dieser Recherche etliche weitere Aspekte finden werden, die uns einen Sinn verleihen.

Im Sinne der persönlichen Balance sollten wir aufhören, uns ständig zu hinterfragen – und das bei aller meiner Liebe zum notwendigen Mittel der Reflexion – aber wenn uns dieses Hinterfragen oder Vergleichen oder ein daraus resultierendes Ärgern letztlich nicht vorwärtskommen lässt, sollten wir spätestens dann damit aufhören, uns selbst wehzutun.

Außer wir wären folgendermaßen veranlagt, uns gerne als Opfer zu sehen, dem das Schicksal oder das Leben permanent böse mitgespielt. Denn auf diese Weise würden wir in Selbstmitleid versinken, weil beim Vergleich mit anderen unsere Karriere nicht Schritthalten könnte und wir im Gegensatz zu unserem, ein vermeintlich wunderbares Leben sähen, das diese Personen führen dürfen. Vielleicht von außen betrachtet.

Punkt Eins: Selbstmitleid brauchen wir nicht. Dadurch lähmen wir uns in unserer Motivation, in unseren Motiven und Zielen.

Punkt Zwei: Ein Vergleichen mit anderen brauchen wir ebenso nicht. Schließlich ist bei diesem Aspekt zu hinterfragen, welche Personen annähernd ähnliche Sozialisations- und Lebensgeschichten aufzuweisen haben wie wir selbst und wir demzufolge sinnvoll im Stande wären, jemand anderen punktidentisch mit uns zu vergleichen. Das macht einfach keinen Sinn.

Wenn wir uns auf die Suche nach Sinn oder Sinnerfüllung begeben, dann benötigen wir andere Methoden, um an unseren Traumzustand zu gelangen. Aus der Perspektive des Selbstmitleids wird sich wohl folgendes Bild eröffnen: Kein Sandstrandidyll, sondern Geröll und Müll, die sich überall auf den spitzen Steinen verteilt haben, Algen, die das klare Wasser färben und Feuerquallen, die dem Badegast listig nachstellen. Und zu guter Letzt, ein wolkenverhangener Himmel, der zu allem Überfluss dicke Regentropfen hinunterschickt. Wer träumt von einer solchen Szenerie, wenn er nach Erholung sucht?

Sehnen wir uns nicht einen anderen Ort herbei, an dem wir rasten und verweilen dürfen? Einen Ort, an dem wir Ruhe erfahren, zu uns selbst finden und uns entdecken können. Einen Ort, an dem wir auftanken wollen, den wir uns als Oase für den Rest unseres Lebens vorstellen können.

Dies gilt speziell für unsere Selbstannahme, die wir verinnerlichen sollten. Aus dieser Eigenakzeptanz heraus dürfen wir im nächsten Schritt unser Denken und Handeln in unser individuelles Zufriedenheitsportfolio einbauen. Das mag kein kurzfristiges Unterfangen sein, sondern vielmehr ein aktiver Weg, den wir täglich aufs Neue begehen und dabei erfahren, welches besondere Strandgut auf uns wartet. Dieser Weg beinhaltet bereits unser Ziel. Und dieses

Ziel wiederum bildet die Basis für den Ausgangpunkt zu unserem Traumzustand.

Zwar unterscheiden sich die Träume bei allen Menschen, aber nicht der Wunsch, für sich diesen Wunschzustand zu erreichen. Die wichtigste Regel dabei lautet: Mein Traumzustand gehört nur mir. Lassen wir ihn uns von nichts und niemandem nehmen. Intensivere Erfahrung werden wir dann machen, wenn wir jemanden finden, mit dem wir diesen Traumzustand teilen dürfen und der seinen mit uns teilt.

Auf diese Weise dürfen wir erfahren, dass Teilen etwas mit Liebe zu tun hat. Sobald Liebe mit am Werk ist, strömt diese besondere positive Energie, nämlich in der Zufriedenheit unseren Traumzustand zu leben. Gelingt uns das, dann müssen wir nicht klagen, wenn es zwischendurch einen Regentag geben sollte.

Denn dann packen wir unsere Liege am Strand ein, ziehen uns ins Haus zurück und räumen dort auf, was liegen geblieben ist. Der Regen sorgt dann nicht nur für einen Ortswechsel, sondern auch dafür, dass das Gras und die Sträucher in unserem Garten wieder einmal ausreichend mit Wasser versorgt werden.

Ein Zustand von Zufriedenheit kann uns nicht so schnell aus der Ruhe und der Balance bringen oder uns gar verunsichern. Er sorgt für ein stabiles Gleichgewicht in unserem Alltag.

So fühlen wir uns geborgen und von einem Gefühl des festen Vertrauens umgeben. Vertrauen wir täglich mehr auf unsere Basis, an der wir seit unserer Geburt an mitgebaut haben. Lassen wir uns von unserer eigenen Lebensgeschichte leiten und seien wir nicht verunsichert, wenn sie nicht in einer scheinbar perfekten Linie verläuft.

Von Perfektionisten meinen wir lernen zu müssen, wie man einen geradlinigen und erfolgreichen Lebensentwurf in die Tat umsetzen kann. Wenn wir auf dieses Vorbild schauen wollen, dann sollten wir es machen; wenn wir es aber als eher belastend empfinden, sollten wir den Blick wieder auf unseren persönlichen Weg richten und in dem Tempo unser Leben gestalten, das wir für richtig und gut erachten.

In genau dieser Geschwindigkeit erreichen wir schließlich auch unseren Traumzustand. Aus unserer Kraft, mithilfe von Menschen, die mit uns unterwegs sind sowie des Vertrauens ins Leben und der Sinnhaftigkeit unseres Daseins.

Natürlich steckt hier auch ein gewisses Maß an Arbeit und Mühe dahinter. Aber wäre ein Leben ohne diese Anstrengung nicht fade und würde weit hinter seinen Möglichkeiten zurückbleiben?

Tipps zum Glücklicherwerden:

Lassen Sie uns einmal träumen. Machen Sie es sich gemütlich und schließen Sie Ihre Augen. Achten Sie auf Ihren tiefen Atem, der Sie zur Ruhe kommen lässt. Woran denken Sie, wenn Sie sich Ihren Traumzustand vorstellen. Nehmen Sie das Gefühl wahr, die Umgebung, die Geräusche. Welche Emotionen spüren Sie in sich? Verweilen Sie gerne einen Moment in dieser Vorstellung, bevor Sie wieder Ihre Augen öffnen. Welche Emotionen können Sie aus diesem Traumzustand in Ihre aktuelle Situation übernehmen? Vielleicht sehen Sie die Möglichkeit, diese positiven Emotionen in Ihren Alltag einzubauen und auf diese Weise kleine Oasen des Glücks zu installieren, auf die Sie immer wieder Bezug nehmen können und sich gut fühlen.

Gibt es etwas, was Sie daran hindert, sich ganz und gar selbst anzunehmen? Diese Bereiche halten Sie davon ab, in einen ausbalancierten Zustand von überdauernder Zufriedenheit zu gelangen. Die guten sowie die schlechten Eigenschaften und Fehler gehören zu Ihrer Person. Sie sind Teil Ihrer Persönlichkeit und müssen nicht nur negative Auswirkungen haben. Wenn Sie beginnen, diese eher negativen Anteile anzuschauen, sie zu würdigen und ihnen zugestehen, zu Ihnen zu gehören, dann können Sie einen gewissen Frieden mit ihnen schließen und bei sich wissen, ohne diese Bereiche aktiv bekämpfen zu müssen. Versuchen Sie einmal diese Herangehensweise aus und beobachten Sie, wie sich Ihr Verhalten auf Ihre Zufriedenheit auswirkt.

»Früher dachten wir ja auch: ‚Ich denke, also bin ich ...'
Heute wissen wir: Geht auch so ...«
Dieter Nuhr

21. So wie ich meine zu sein

Fabeln sind im Allgemeinen Geschichten über Tiere, die in ihrer Erzählung Parallelen zu unserem Leben herstellen möchten. Vielleicht kennen Sie die Fabel vom Skorpion und der Schildkröte eines unbekannten Verfassers:

Ein Skorpion kam zu einem Fluss und musste ihn über-queren. Da sah er, dass am Ufer eine Schildkröte saß und sich sonnte. Also ging der Skorpion zur Schildkröte und bat sie, ob sie ihn denn über den Fluss bringen könne. »Natür-lich nicht!«, sagte die Schildkröte. »Am Ende wirst du mich mitten im Fluss stechen und dann werde ich sterben. Nein, ich werde dich nicht über diesen Fluss bringen!«

»Aber«, so antwortete der Skorpion, »wenn ich dich steche, sterbe ich doch auch.« »Ja, das stimmt.«, erwider-te die Schildkröte und ließ den Skorpion also auf ihren Rü-cken steigen. Als sie jedoch mitten im Fluss waren, stach der Skorpion die Schildkröte in den Hals. »Warum hast du das nur getan?«, fragte die Schildkröte den Skorpion mit zitternder Stimme – »Jetzt müssen wir doch beide ster-ben.« Der Skorpion entgegnete ihr: »Ich weiß, aber es liegt in meiner Natur.«

Welche Erkenntnis lässt sich daraus für uns ableiten? Ich bin ich. Also verhalte ich mich so. Warum aber bin ich ich? Wann werde ich denn eigentlich zu dieser Person, die dann irgendwann einmal von sich behauptet, sie könne sich ja nur so und auf diese Weise verhalten?

Entwickeln wir uns irgendwann zu einem solchen Den-ken hin? Vielleicht hat ein solches Verhalten auch etwas mit unserer Suche nach Identität zu tun. Wir freuen uns, wenn wir uns selbst definieren können; wenn wir verstanden haben, wie wir ticken. Uns selbst zu verstehen, weshalb wir beispielsweise gut mit anderen klarkommen oder warum auch nicht – das möchten wir doch u. a. herausfinden.

Es fühlt sich zudem gut an, wenn wir wissen, wie unsere Freunde ticken und was wir zu ihnen sagen dürfen, ohne dabei Grenzen zu überschreiten. Das ist auch eine von denjenigen Herausforderungen, die an uns herangetragen werden, wenn wir einen Menschen neu kennenlernen und noch keine Ahnung davon haben, welche Vorlieben dieser hat, welche Reizthemen man nicht ansprechen darf oder welche Deckel man besser nicht von bestimmten Thementöpfen heben sollte.

Aus diesem Grund warnen Small-Talk-Trainer bei Kennenlernphasen vor sogenannten No-go-Themen, die man im Sinne einer gelingenden Konversation besser nicht ansprechen sollte. Darunter fallen Reizthemen wie beispielsweise Geld oder politische Überzeugungen. Man fasst hierbei entsprechende Lebensbereiche zusammen, bei denen man rasch unterschiedlicher Meinung sein oder sich schnell eine kontroverse Diskussion entwickeln kann.

Aber zurück zum ursprünglichen Gedanken. Sicherlich möchte sich jede und jeder als Ich definiert wissen. Das gibt diesem Menschen selbst und auch anderen das Gefühl, zu wissen, für was diese Person steht, welche Art von Persönlichkeit sie besitzt oder nach welchen Werten sie lebt. Vielleicht arbeiten wir manchmal jahrelang an unserem Image, um unsere Person so darzustellen, wie wir uns das vorgestellt haben. Auch das dürfen und sollen wir unbedingt vorantreiben.

Dabei stellt sich noch eine weitere Frage: Müssen wir so bleiben, wie wir bislang waren? Vielleicht sind wir es mit der Zeit leid geworden, in eine bestimmte Rolle gedrängt oder in eine Schublade gesteckt zu werden.

Es existieren allerdings auch jene Verhaltensmuster, die wir uns angeeignet haben und aus denen wir vermeintlich nicht mehr herausschlüpfen können. Aussagen wie »Das habe ich noch nie gemacht.« oder »Das kann ich nicht.« hindern uns so häufig daran, uns selbst immer wieder einmal neu kennenzulernen. So zu sein wie man ist, scheint uns leider oftmals als ein gegebener und unveränderlicher Zustand zu sein.

Doch nur, weil wir uns selbst in Kategorien pressen oder gar pressen lassen, heißt das noch lange nicht, dass das weitere Leben fortan auf jenem Gleis gelebt werden muss, dessen Weichen absolut vorhersehbar gestellt werden. Werfen wir solche Gedanken sofort über Bord, denn unser Leben muss sich nicht auf irgendwelchen vorgelegten Wegen abspielen.

Nehmen wir die Zügel in die Hand und lassen wir uns davon überzeugen, immer wieder die Chance zu haben, Kurskorrekturen und Richtungswechsel vorzunehmen. Es mag sein, dass uns nah und auch entfernter stehende Menschen wie eine Seitenlinie erscheinen, die uns von neuen Routen abhalten mögen.

Wie aber so oft im Leben, besitzt dieses Dasein von Menschen auch eine weitere Seite, nämlich die des Schutzes, des Rates und des Reflektierens, ob denn alles, was wir vorhaben, überhaupt gut und sinnvoll ist. Um ein zufriedenes und achtsames Leben zu führen, müssen wir erkennen, so sein zu dürfen, wie wir es für uns wünschen.

Das kommt unserer ureigenen Vorstellung von Leben nahe und definiert uns als Mensch. Es bleibt zu hoffen, dass es immer mehr Menschen auf dieser Welt schaffen, aus dieser Freiheit heraus ein selbstbestimmtes Leben zu führen und alle Personen, die an den Schnittstellen dieser Freiheit stehen, ob Eltern, Lehrer, Arbeitgeber oder Partner erkennen, dass sie eine herausfordernde Aufgabe innehaben, die nicht nur nach dem eigenen Gusto betrachtet werden darf, sondern auf jene Menschen abzielt, die ihnen anvertraut sind.

Freuen wir uns über den Zustand, dankbar sein zu dürfen, für die Art, so zu sein, wie man ist. Vor allem vor dem Hintergrund eigener Schwächen, die wir an uns erkennen können, brauchen wir uns nicht zu schämen und müssen sie auch nicht unbedingt verheimlichen.

Gerade diese brauchen wir für unsere Akzeptanz. Ehrlich benannt, können wir sie besser kennenlernen, um mit und an ihnen zu arbeiten. Womöglich werden wir erst dann glücklich, wenn wir uns als Gesamtpaket (wert-) schätzen. Und dazu gehören alle Stärken und Schwächen.

Dann verstehen wir besser, was uns antreibt, motiviert aber auch ängstigt und sorgt. So können wir uns auch auf neues Terrain vorwagen und unserem eventuell längst verstaubten Willen nach Veränderung nachkommen. Demzufolge entsteht dann aus einem »Ich bin halt wie ich bin.«, ein »Ich muss ja nicht so bleiben wie ich bin.«

Tipps zum Glücklicherwerden:

Wofür sind Sie in Ihrem Leben dankbar? Achten Sie einmal auf die ersten fünf Bereiche, die Ihnen nun auf diese Frage in den Sinn kommen und notieren Sie sich diese. Gehen Sie gedanklich auf jeden dieser fünf Bereiche ein und verweilen Sie dort. Welche Art von Dankbarkeit verspüren Sie jeweils? Fühlen Sie sich in diese positiven Momente der Dankbarkeit ein, nehmen Sie diese bewusst und intensiv wahr.

Von sogenannten Schwächen, die wir besitzen, reden wir nicht gerne, da sie uns unangenehm sind und wir uns eingestehen müssen, in einem bestimmten Bereich ein Defizit zu haben. Gehen wir einmal anders an dieses Thema heran. Machen Sie sich einer Schwäche an Ihnen bewusst. Stellen Sie bei dieser Betrachtung nicht den negativen Aspekt in den Vordergrund, sondern befragen Sie diese Schwäche nach ihrer positiven Absicht. Das mag ungewöhnlich klingen, aber Sie werden höchstwahrscheinlich ein oder mehrere positive Absichten erkennen können. Beispielsweise könnte eine Schwäche lauten, oftmals Angst zu verspüren und deshalb am Leben gehindert zu werden. Würde man die Angst nach ihrer positiven Absicht befragen, würde sie eventuell dazu sagen, dass sie dafür da ist, damit die Person vorsichtig agiert und keine Fehler passieren. Aus dieser Erkenntnis lässt sich eine neue Herangehensweise ableiten, damit aus einer Hemmung ein gutes und reflektiertes Agieren entstehen kann.

»Es ist schwer zu sagen, was unmöglich ist, denn der Traum von gestern ist die Hoffnung von heute und die Wirklichkeit von morgen.«
Robert Goddard

22. Fortschrittsgedanken

Alles oder fast alles in der Welt scheint eine zweite Seite zu haben bzw. ein sogenanntes zweischneidiges Schwert zu sein. Ja sogar die Liebe ist nicht nur Liebe, denn sie kann als zu wenig oder als zu viel wahrgenommen werden.

Sie mag das höchste Gefühl zum Ausdruck bringen, aber kann ebenso erdrücken oder sich plötzlich wieder davonstehlen, ohne auch nur den Hauch einer Chance zu geben, sie festzuhalten. Wir können zwar auch dagegen steuern und uns in die Sache reinbeißen, aber es ist nicht gesagt, dass wir alles so hinbekommen, wie wir es uns vielleicht wünschen würden.

Wir leben in einer modernen, hochtechnologischen und digitalen Zeit. Die Jüngsten unter uns kennen es nicht anders und blicken erstaunt auf, falls ihnen ein Telefon mit Wählscheibe gezeigt wird.

Wer schon einmal eine Reise nach Athen oder Pompeji angetreten ist, der konnte sich dort vermutlich in eine Zeit hineinversetzen, die das damalige Leben auf den Straßen und Plätzen noch gut wiedergeben. Pompeji galt in so vieler Hinsicht als eine fortschrittliche Stadt, als ein Zentrum der Urbanisation, in der Multikulturalität genauso zum Alltag gehörte wie der Besuch eines Fastfood-Restaurants.

Wenn wir heute von unserem Standpunkt aus über Fortschritt sinnieren, dann schmunzeln wir wahrscheinlich dennoch über diese historische Stadt. Fortschritt bedeutet unter anderem, dass wir alle komfortabler leben können. Wir müssen nicht mehr selbst alle Aufgaben erledigen. Wir können uns weiter qualifizieren und die Prozesse überwachen, die Maschinen jeglicher Couleur dank künstlicher Intelligenz für uns umsetzen. Worauf sollten wir trotz aller Annehmlichkeiten unserer modernen Zeit aber nicht verzichten?

Werden wir nicht zu bequem! In dieser Hinsicht wird es uns aber auch nicht leichtgemacht. Wir gewöhnen uns an den Komfort. Camper schlagen ihr Zelt auf, weil sie es schön finden, das zivilisierte Leben einmal hinter sich zu lassen und die Natur intensiv zu erleben. Aber die meisten freuen sich zuhause auf den Komfort von Toilettenanlagen und Duschen mit warmen Wasser.

Wie wollen wir morgen leben? Soll es immer komfortabler und angenehmer werden? Was macht diese Lebenseinstellung aus uns und mit uns?

Vielleicht müssen wir in zehn Jahren keinen Führerschein mehr erwerben, um Auto zu fahren. Dann bestellen wir online ein autonom gesteuertes Fahrzeug zu unserer Wohnung, das uns abholt und an unseren Wunschort transportiert.

Ein kurzes Szenario, das wir auf sämtliche Lebensbereiche erweitern können. Unsere Aufgabe in diesem Wandel wird darin bestehen, welchen Sinn wir für uns und unser Leben in einem smarten Lebensumfeld ausmachen können. Welche Art von Arbeit wollen wir verrichten, lieber handwerklich ausgerichtet, informationstechnikorientiert etc.?

Bleiben wir uns selbst treu. Zum Beispiel, wenn wir gerne mit den Händen arbeiten, dann sollten wir uns Bereiche schaffen, in denen wir das umsetzen können. Denn das Gefühl, etwas geschaffen zu haben, macht glücklich.

Tipps zum Glücklicherwerden:

Blicken Sie an diesen Abend einmal in Ruhe auf Ihren Tag und die Erlebnisse zurück. Notieren Sie sich im Anschluss diejenigen Momente, für die Sie dankbar sind und die in Ihnen positive Emotionen hervorrufen. Bleiben Sie gerne gedanklich einige Momente bei jedem einzelnen dieser Momente und genießen Sie diese ausführlich. Mit etwas Training werden Sie feststellen, dass tatsächlich jeder Tag entweder klitzekleine oder auch größere Momente bereithält, die uns dabei unterstützten, positiv unseren Alltag wahrzunehmen und aus dieser Kraft heraus ein zufriedenes Leben aufzubauen.

Wie wäre es, wenn Sie heute etwas Kreatives in die Tat umsetzen? Legen Sie dafür einfach nur einen Bleistift und ein Blatt Papier vor sich hin. Denken Sie an eine für Sie schöne Situation, die Sie erlebt haben und die Sie sich vor Ihrem geistigen Auge wunderbar ausmalen können. Nachdem Sie diesen Augenblick genossen haben, greifen Sie nun zum Bleistift und beginnen Sie, diese Situation auf das Papier zu übertragen. Dabei geht es nicht um ein einzigartiges Kunstwerk, sondern um das Ausleben Ihrer Kreativität und die Intensivierung eines wunderbaren Erlebnisses. Auf diese Weise visualisieren Sie diese Erfahrung und sind gewissermaßen schöpferisch tätig. Lassen Sie sich bei der Anfertigung der Zeichnung gerne etwas Zeit und genießen Sie die Minuten, die an Ihnen vorüberfließen.

»Die Zeit verwandelt uns nicht, sie entfaltet uns nur.«
Max Frisch

23. Zeitenwende

Wir kennen den Terminus von den guten alten Zeiten.
Denn in der Rückschau betrachtet bleiben oft die Glanzlichter bestehen, die man erreicht hat, die Anstrengungen
hingegen geraten dann in Vergessenheit. Wie verhält es
sich mit der Zeit? Sie schläft nie. Und eines der Themen,
die uns Menschen an ihr beschäftigt, ist die Tatsache, dass
sie sich nicht festhalten lässt.

Aus diesem Grund nehmen wir Fotos auf, um Momente zu bewahren. Doch nach jedem Klick des Smartphones
oder am Auslöser der Fotokamera ist das eben erst auf-
genommene Bild in der nächsten Sekunde bereits Vergan-
genheit. Zeit lässt sich nicht einfangen oder zum Stehen-
bleiben überreden. Keine Chance.

Je schöner ein Abend ist, den wir beispielsweise mit
Freunden verbringen, desto eher werden wir nachts beim
Verabschieden feststellen, wie schnell die Zeit doch an je-
nem Abend wieder vergangen ist.

Würden wir uns heute noch an der griechischen Mythologie orientieren und jemanden zu einem Frondienst
verdonnern wollen, könnten wir dieser Person die „Sisy-
phusarbeit" aufdrücken. Darunter verbirgt sich die Aufgabe, einen schweren Felsbrocken den Berg hinauf zu rollen.
Doch jedes Mal kurz vor dem Ziel rutscht der Stein weg
und kugelt wieder zurück. Ein niemals enden wollendes
Schicksal würde auch jeder Person drohen, die planen
würde, die Zeit festzuhalten. Momentan sind wir dazu
nicht in der Lage.

Demnach versuchen wir der Zeit auf andere Weise bei-
zukommen. Wir forschen an den menschlichen Genen, um

herauszufinden, wie sich das Altern aufhalten oder gar zum Stillstand bringen lässt. Dann würden wir eine Unmenge an Zeit gewinnen. Oder Zeit wäre plötzlich nicht mehr wichtig, da wir quasi unsterblich wären. Ein schöner Gedanke?

Grundsätzlich sollten wir nicht im Gestern stehen bleiben, sondern können uns die Zeit als Begleiter zunutze machen. Das bedeutet nicht, dass wir unsere Überzeugungen, Werte und Traditionen über Bord werfen müssen, sondern vielmehr können wir die Chance wahrnehmen, unser Wissen auf die neue Zeit zu übertragen, es weiterzuentwickeln und sinnvoll einzusetzen.

Ikarus beispielsweise, um nochmals kurz auf die Mythologie zurückzukommen, hatte von seinem Vater Dädalus ein Fluggerät aus Wachs und Federn erhalten. Er freute sich an den scheinbar perfekten aerodynamischen Eigenschaften seiner Flügel.

Doch leider ignorierte er in seinem jugendlichen Elan den Rat des Vaters. Während seines Fluges steuerte der unerfahrene Pilot zu nahe an die Sonne heran, sodass sein Flügelpaar aus Wachs zu schmelzen begann. Wenige Zeit später stürzte Ikarus ab und verunglückte tödlich.

Dennoch war er ein Vorreiter. Und heute gehört der Flugverkehr zum Alltag. Also eine Frage der Zeit – wie lange es noch dauern wird, bis wir uns ein Flugtaxi bestellen, um komfortabel von A nach B gebracht zu werden.

Wir alle gehen mit der Zeit. Natürlich können wir sie mit anderen teilen – und wir wissen sicherlich aus Erfahrung heraus, wie kostbar gerade jene Momente sind, die wir im Herzen bewahren.

Letztlich ist sie uns persönlich anvertraut und wir haben die Chance, mit ihr zu leben, mit ihr zu arbeiten und sie so einzusetzen, wie es unserem Lebenssinn entspricht.

Aus dieser Sichtweise betrachtet wird das über uns gesponnene Konstrukt der Zeit, in der wir uns befinden und für alle Omnipräsenz besitzt, ganz privat.

Wir sind verantwortlich für die uns anvertraute Zeit und wir leben in einer permanenten Zeitenwende. Aus dem Grund, da wir uns weiterentwickeln und ein soziales Mitglied der Gesellschaft sind, gilt es, unseren Platz darin zu suchen und ihn einzunehmen, unser Denken und Wirken nicht im Status Quo von heute zu belassen, sondern Freude daran zu haben, uns mit der Zeit auf eine Reise einzulassen, die wir annehmen, ohne deren Ausgang zu kennen oder den Endzeitpunkt zu wissen.

Tipps zum Glücklicherwerden:

Nehmen Sie sich einmal ein altes Fotoalbum zur Hand oder alternativ den großen digitalen Speicher Ihres Smartphones. Suchen Sie sich dabei diejenigen Bilder heraus, die u. a. bereits vor längerer Zeit aufgenommen wurden und Ihnen aufzeigen, dass mittlerweile einige Zeit vorübergegangen ist. Stellen Sie nun den Gedanken der Dankbarkeit in den Vordergrund, während Sie sich an die Situation, das Gefühl, die Stimmung etc. zurückerinnern. Lassen Sie diese positiven Eindrücke als Glanzlichter Ihres zeitlichen Geschehens auf sich einwirken und speichern Sie diese gut für sich ab – das ist Ihr persönlicher Lebens-Schatz, so persönlich und individuell wie Sie selbst.

Nehmen Sie die Zeit als treuen Begleiter wahr. Schließlich ist auf sie Verlass. Auf Basis dieser Sichtweise gelingt es Ihnen vielleicht, vor allem die Zeiten für sich nutzbar zu machen, die Sie kontrollieren können. Beispielsweise, wenn Sie Ihre Gedanken zu Papier bringen, eine Yoga-Einheit absolvieren, oder mit Ihrem Lieblingsmenschen gute Gespräche führen. Die Zeit begleitet Sie und trägt Ihre Erlebnisse in Ihr persönliches Lebensbuch ein, das Sie zwischendurch immer wieder einmal aufblättern sollten, um mehr von sich zu erfahren.

»Respektiere dich selbst, respektiere andere und über-
nimm Verantwortung für das was du tust.«
Dalai Lama

24. Schlüsselwort respicere

Re-spicere. Das Zurück-Blicken. Ein umsichtig sein. Kurz-um, das Schauen auf das, was sonst noch in der Nähe ist.

Dieses lateinische Wort respicere beinhaltet einerseits den sozialen Aspekt und andererseits auch den für die Schöpfung, also für unsere Welt. An welcher Stelle beginnen wir, wenn wir über respicere nachdenken und eine neue Form davon initiieren möchten?

Kinder lernen von ihren Eltern und von ihrem unmittelbaren sozialen Umfeld. Würden sich diese Menschen regelmäßig ohne Respekt anderen gegenüber verhalten, dann würden die Kinder schließlich diese Verhaltensweisen und Worte abschauen, aneignen und in der Folge natürlich auch anwenden. Achten wir bei uns auf den gegenseitigen Umgang untereinander? Wie reden wir miteinander?

Damit Respekt im sozialen Miteinander zum Tragen kommen kann, brauchen wir Achtung und die Umsicht, dass andere mit uns unterwegs sind. Respekt zu schenken bedeutet ebenso wie Demut zu zeigen nicht, dass wir als „Blöde" gelten, mit denen man machen kann, was man will.

Der respektvolle Umgang miteinander gelingt auch ohne den Einsatz von Ellenbogen. Eine Vorgehensweise, die uns allen zugutekommen könnte, wenn wir sie verinnerlichen.

Durch unser Verhalten können wir Vorbildfunktionen für andere übernehmen. Auf diese Weise können wir Menschen jeglichen Alters eine Richtschnur und einen

Kompass mit an die Hand geben, wie wir zu einem friedlichen, ausbalancierten Miteinander gelangen können. Große Vorbilder lassen sich beispielsweise in den Fußballclubs und den -stadien finden. Den herausragenden Spielern eifert man nach; sie sind die Idole, deren Poster die Kinder- und Jugendzimmer der heranwachsenden Generation schmücken. Ihr Verhalten auf dem Spielfeld, aber auch außerhalb, wird von den Kindern, Jugendlichen und den Fans beobachtet. Spielen sie fair dient das zur Nachahmung, sind sie mit aggressivem Verhalten erfolgreich, wissen die Nachwuchskicker, wie auch sie zu spielen haben, um sich durchzusetzen.

Den im medialen Interesse stehenden Sportlern ist diese Vorbildfunktion nun einmal zugeschrieben und dieser Verantwortung sollten sich alle bewusst sein.

Aber nicht nur Sportler, Politiker, Influencer und Youtuber stehen in dieser Pflicht als öffentlich wahrgenommene Personen, sondern auch alle Menschen, die ein eher „normales" Leben führen.

Es beginnt mit unserem Verhalten. Werfen wir beispielsweise unseren Kaffeebecher einfach auf die Straße oder in den nächsten Abfalleimer?

Wir alle lernen voneinander. Es liegt in unserer Hand, wie wir auf andere (ein-)wirken und was von unserem Handeln womöglich beim Nächsten hängen bleibt.

Es gibt Menschen, die uns durch ihr Handeln besser machen können. Das ist in der Tat so. Diese Menschen holen das Gute aus uns heraus.

Wir wissen oftmals gar nicht, was alles in uns schlummert, aber durch deren Verhalten erhalten wir positive Impulse und verinnerlichen diese. Diese Vorbilder gibt es zu Millionen; das sind nicht nur die herausragenden Figuren unserer Gesellschaft, die sich beispielsweise für Frieden, Gerechtigkeit, Bildung oder gegen Hunger, Gewalt und Armut einsetzen, sondern gerade auch die unzähligen stillen

Helden unserer Zeit, die täglich durch ihre soziale Art fast unmerklich agieren und denen wir gerne unseren Respekt zollen. Ohne diese Menschen wäre unsere Welt so viel ärmer.

Gehöre vielleicht auch ich zu diesen stillen Helden?

Tipps zum Glücklicherwerden:

Jemandem achtsam und mit Respekt zu begegnen heißt, diese Person wertzuschätzen. Diese Wertschätzung kommt in vielen Fällen immer wieder zurück – manchmal gleich oder aber auch zu einem späteren Zeitpunkt. Probieren Sie es in den kommenden Tagen einmal aktiv und bewusst aus, wie Menschen auf Ihre Art der wertschätzenden Haltung reagieren und wie sich das auf die jeweilige Beziehung zu diesen Menschen auswirkt.

Umsichtig sollten wir auch mit uns selbst umgehen. Oftmals sind wir mit uns zu hart und kreiden uns Fehler stark an. Betrachten Sie sich einmal in Ruhe und notieren Sie für sich, wann und weshalb Sie für sich wenig oder keine Umsichtigkeit zeigen konnten. Nehmen Sie daraus mit, mit sich umsichtig und auch nachsichtig sein zu dürfen. Vielleicht läuft nicht immer alles perfekt, aber ist das ein Grund, sich selbst zu vernachlässigen? Sie können, wenn Sie mögen, an sich arbeiten, um Schwächen auszumerzen, aber begehen Sie nicht den Fehler, sich selbst dabei herabzuwürdigen, sondern seien Sie stolz auf alles bisher Erreichte und auf Ihre Person mit ihrer Erfahrung, ihrem Wissen und der Fähigkeit, sich weiterentwickeln zu können – in dem Tempo, in dem Sie es für gut und richtig erachten.

»It's a new dawn, it's a new day, it's a new life for me and I'm feeling good.«
Nina Simone

25. Ein gutes Gefühl haben

Ist es nicht schön, ein gutes Buch aufzuschlagen, um sich darin zu verlieren und von den Geschichten in Beschlag genommen zu werden?

Diese Zeit fühlt sich gut an und vergeht rückblickend unheimlich schnell. Aber nicht nur beim Lesen eines Buches wollen wir dieses positive Gefühl verspüren. Wie schön ist es, wenn sich das eigene Leben stimmig und sinnerfüllt anfühlt – bereits morgens, wenn wir aufwachen, beschwingt unseren Tag erleben und uns auch abends wieder zufrieden ins Bett kuscheln.

So wissen wir, dass wir unseren Platz gefunden haben; in unserem Zuhause, bei unserem Partner oder unserer Partnerin, bei der Arbeit, bei Freunden u. v. m. Es geht also darum, dass alle ihren Platz dort finden, wo sie Gefühle von Zufriedenheit und Sinnerfüllung verspüren.

Dort, wo wir uns an unserem Platz wiederfinden, werden wir uns demnach gut fühlen und wir werden erkennen, dass wir angekommen sind. Sollten dennoch Schieflagen eintreten, werden wir alles in unserer Macht Stehende tun, diese zu beseitigen, um wieder in die Waagrechte zu kommen. Sollten sich Probleme einstellen, werden wir versuchen, sie zu lösen, um auch hier Abhilfe zu schaffen.

Auch wenn wir uns gut fühlen dürfen, heißt das noch lange nicht, dass uns das auch immer oder oft gelingen mag. Wir leben schließlich meistens nicht in einem sorgenfreien Paradies, sondern in dieser Welt. Wir planen sorgfältig und präzise unsere Vorhaben, aber dennoch haben wir niemals eine Garantie, dass uns diese auch gelingen werden.

Vieles lässt sich nicht vorhersehen. Vielleicht haben wir uns beispielsweise auf unseren absoluten Traumjob beworben und die Ausschreibung klingt danach, als wenn sie für uns angefertigt worden wäre, aber dann erhalten wir doch keine Zusage für diese Stelle. Eine resiliente Person nimmt es zur Kenntnis und sucht nach den nächsten Zielen, andere hingegen spüren bereits den Frust, der über ihnen aufzieht und die gute Stimmung vertreiben möchte.

Wir müssen frühzeitig lernen, dass Frust einer unserer Begleiter ist. Mit seiner wiederkehrenden Gegenwart müssen wir umgehen lernen. Oft geht Frust leider mit Aggression einher. Wir alle wissen, wie sich Frust anfühlt. Energie ballt sich zusammen und drängt danach, sich auf irgendeine Art und Weise zu entladen.

Für einen passionierten Läufer bedeutet das, dass er die Joggingstrecke an diesem Tag doppelt so schnell wie sonst abläuft. Für den Fan auf der Fußballtribüne heißt es hingegen, sich die Seele aus dem Leib zu schreien und das eigene Team anzufeuern. Ja, das tut gut, das muss sein. Nach einem solchen Abreagieren spüren wir, dass wir wieder dieses Gutanfühlen in uns wahrnehmen können.

Wenn wir noch mehr überschüssige Energie verspüren sollten, dann kann sie sich gerne an einem Boxsack oder beim Holzhacken entladen – man könnte sagen, dass es sich um eine Form von Gewalt handelt, die aber niemandem einen Schaden zufügt. Gewalt im sozialen Kontext ist und bleibt eines der Tabus, die leider immer noch viel zu oft gebrochen werden. Gewalt verstört und zerstört – unwiederbringlich, sie rauscht wie ein großer Tsunami über andere hinweg und lässt verwüstete und nachhaltig geschädigte Biografien zurück.

Dann ist genau das Gegenteil von diesem Traum des guten Anfühlens eingetreten. Das ist keine Bagatelle, aber dafür traurige Realität tagein tagaus in unseren öffentlichen und privaten Räumen. Gewalt in dieser Form bedarf einer absoluten Null-Toleranz-Auffassung. Auch das müssen wir von klein auf und ein Leben lang immer wieder lernen und verinnerlichen. Wenn wir alle das schaffen, sind wir einen unsagbar großen Schritt weitergekommen.

Natürlich wollen wir das Gefühl verspüren, dass sich unser Leben, dass sich unsere momentane Situation gut anfühlt. Für jeden von uns bedeutet dieses Sich-gut-fühlen etwas anderes. Manche fühlen sich gut, wenn sie ein Eis essen, andere, wenn sie mit dem Mountainbike in den Bergen unterwegs sind, wieder andere, wenn sie Menschen helfen oder auf die Umwelt achten können und so weiter.

Sich gut zu fühlen ist doch ein Grundbedürfnis – nicht nur für mich, sondern für alle Menschen. Die Herausforderung entsteht im sozialen Kontext dann, wenn sich zwischenmenschliche Grenzen mit ihren Bedürfnissen zu berühren beginnen.

Dann gilt es, echte Win-win-Situationen auszuhandeln. Finden wir die Räume und Situationen, die uns mit diesen wunderbaren Gefühlen umgeben, dass sie nicht nur wie Glanzlichter aufblitzen und wieder vergehen, sondern uns immer öfters, immer länger begleiten und unserer Seele guttun!

Tipps zum Glücklicherwerden:

Gehören Sie eigentlich zu den Menschen, die gerne genießen? Darunter lässt sich beispielsweise ein gutes Essen genauso zählen wir der Besuch einer Theatervorstellung. Für unsere Zufriedenheit sind solche Momente Balsam und im Grunde sollten wir viele dieser Balsammomente in unseren Alltag einbauen. Achten Sie einmal darauf, welche Augenblicke des Genusses Sie im Laufe Ihres Tages wahrnehmen dürfen. Ein kleiner Spaziergang zwischendurch, die Umarmung eines lieben Menschen, der leckere Cappuccino in der Mittagspause ... In der achtsamen Wahrnehmung dieser oftmals unscheinbaren Genussmomente werden Sie nach und nach immer mehr Dankbarkeit verspüren, weil sie das Zeug zum Glücklichwerden haben.

Am Ende dieses Buches haben Sie mittlerweile vielleicht viele Seiten beschrieben. Nehmen Sie sich Ihre Zeilen, Überlegungen und Zeichnungen immer wieder einmal hervor. Sie können die jeweiligen Punkte nochmals nachlesen, etwas hinzufügen und für sich wahrnehmen, ob bzw. wie sich Ihr persönliches Empfinden in Hinsicht auf ein achtsames und zufriedenes Leben entwickelt (hat). Sie wissen um die Belange, die für Sie persönlich wichtig sind, welche Beziehung Sie zu anderen Menschen pflegen wollen und wie Sie Ihr Eingewobensein in die Gesellschaft verstehen. So lässt sich zusammenfassen, dass Ihr persönliches Leben dazu imstande ist, Zufriedenheit und Glück in eine gute Balance zu bringen, weil es zwischen den drei Bereichen Ich, Du und Wir einen positiven Sinnzusammenhang ausmachen kann.

Über den Autor:

Wolfgang M. Ullmann, Jahrgang 1976, lebt und arbeitet im süddeutschen Raum. Aus der Neugier heraus, mehr über das Zusammenleben verschiedener Menschen in einer Gesellschaft zu erfahren, studierte er nach dem Abitur die Fächer Soziologie, Psychologie und Pädagogik an der Universität Augsburg. Nach den zusätzlichen Ausbildungen zum Trainer, Personal Coach und Seelsorger unterstützt er heute Menschen u. a. in den Bereichen Kommunikation, Konfliktmanagement und Persönlichkeitsentwicklung. Dabei begleitet ihn vor allem die Frage, wie Menschen zu einem ausgeglichenen und zufriedenen Lebensstil finden können.

Platz für Ihre Notizen: